변용의 시대

변용의 시대

발행일	2020년 5월 4일		
지은이	이토 슌타로伊東俊太郎	옮긴이	김성철
펴낸이	손형국		
펴낸곳	(주)북랩		
편집인	선일영	편집	강대건, 최예은, 최승헌, 김경무, 이예지
디자인	이현수, 김민하, 한수희, 김윤주, 허지혜	제작	박기성, 황동현, 구성우, 장홍석
마케팅	김회란, 박진관, 장은별		
출판등록	2004. 12. 1(제2012-000051호)		
주소	서울특별시 금천구 가산디지털 1로 168, 우림라이온스밸리 B동 B113~114호, C동 B101호		
홈페이지	www.book.co.kr		
전화번호	(02)2026-5777	팩스	(02)2026-5747

ISBN   979-11-6539-134-8 03300 (종이책)

이 도서의 국립중앙도서관 출판예정도서목록(CIP)은 서지정보유통지원시스템 홈페이지(http://seoji.nl.go.kr)와
국가자료공동목록시스템(http://www.nl.go.kr/kolisnet)에서 이용하실 수 있습니다.
(CIP제어번호: CIP2020017917)

THE AGE OF TRANSFORMATION
변용의 시대

과학(SCIENCE) | 자연(NATURE) | 윤리(ETHICS) | 공공(PUBLIC)

이토 슌타로 지음 | 김성철 옮김

북랩 book Lab

일러두기

1. 이 책은 이토 슌타로(伊東俊太郎)의 『변용의 시대—과학·자연·윤리·공공(変容の時代—科学·自然·倫理·公共)』(The Age of Transformation)(2013)을 우리말로 완역한 것입니다.

2. 모든 인명, 지명 등의 표기는 『외래어 표기법』(문화체육관광부 고시 제2017-14호, 2017년 3월 28일)을 참고하였으나, 일본어에 있어서는 원음에 가깝게 우리말로 표기하였습니다.

3. 책, 잡지와 신문은 『 』, 논문과 사설은 「 」로 표기하였으며, 제목에 있어서는 원서에 나오는 일본어와 원어를 병기하고 우리말로 옮겼습니다.

   예: 『윤리도덕의 백서(倫理道徳の白書)』(2006)

   『과학과 윤리(科学と倫理)』(Wissenschaft und Ethik, 1983)

   「미러 뉴런—우리는 자연에 따라 윤리적이라는 것인가?(ミラーニューロン—われわれは自然にとって倫理的であるのか)」 "Mirror Neurons: Are We Ethical by Nature?", 2009.

4. 이 책의 주(註) 중에서 각주가 아닌 괄호 안의 주는 모두 저자 주입니다.

5. 참고 문헌은 일본어 원서의 참고 문헌 표에 따라 2, 3, 4장만을 정리하였으며, 1, 5, 6장은 본문 속에 나오는 참고 문헌을 참조하시기 바랍니다.

『변용의 시대(変容の時代)』
(*The Age of Transformation*)의
한국 독자분들께

현대는 하나의 커다란 세계사적 대변환기입니다. 우리는 여기서 모든 사물에 대한 시점이 변해야 하는 시대에 봉착하고 있습니다. 과학의 바람직한 방식도, 자연에 대한 시점도, 윤리·도덕의 원리도, 공공사회에 있어서 삶의 방식도, 그리고 문명 자체의 존재 양식도 크게 변용해야 하는 때에 살고 있습니다. 이 책의 저자는 이러한 대전환기의 다양한 모습들을 되도록 상세히 분석하고 앞으로의 새로운 방식, 삶의 방식을 일반 사람들에게 제시하여, 우리의 결론의 실마리를 보여주려고 했습니다.

이 책은 필자의 강연 원고를 기초로 하고 있기 때문에, 비교적 알기 쉬우며 논술의 취지도 전해지기 쉽게 되어 있다고 생각합니다. 특히 이런 문제 제시를 아시아의 일각에서 일으켜 한국 사람들과 함께 생각해 나아갈 수 있는 것은 매우 다행스러운 일입니다. 한국에서도 같은 문제가 일어나고 있으며, 여기서 논해지고 있는 것은 그대로 여러분들 모두에게도 소중한 의미를 갖는 것이라고 믿습니다. 그런 의미에서 뜻을 같이하고 있는 김성철 박사에 의해 이 책이 한국어로 번역되니 매우 기쁘고 감사합니다. 김성철 박사는 필자의 다른 저작도 많이 읽고 필자의 강연에도 자주 출석하여, 제 생각을 지극히 이해해 주시고 계십니다. 이 좋은 번역을 매개로 세계사적 전환기에 있는 한국과 일본의 여러분들이 함께 예지를 모아 새로운 미래의 창조를 향해 협력해 나아갈 수 있다면 그만큼 훌륭한 일은 없을 것입니다. 굳이 짧은 글을 쓰며 이 책의 일독을 바라는 바입니다.

2018년 3월

이토 슌타로(伊東俊太郎)

일본어판 서문

『변용의 시대(変容の時代)』(*The Age of Transformation*)라고 제목을 붙인 본서는 저자의 최근 강연을 활자화하여 한 권의 책으로 정리한 것입니다. 여기서는 현재, 과학의 바람직한 자세도, 자연의 개념도, 윤리의 사고방식도, 공공의 견해도, 그리고 문명 자체의 존재 양식도 크게 바뀌어야 한다는 저자의 생각이 일관되어 있습니다. 본서 전체의 내용과 구성이 강연이기 때문에, 문장은 평이하고 논의의 취지도 전달하기 쉽게 되어 있다고 생각합니다.

우선 제1장 〈'과학의 윤리학'으로〉에서는 종래의 과학은 윤리와 무연(無緣)하며 중립적으로 독립한 것이라고 생각되어왔는데, 원폭 피해나 원전 사고, 그 밖의 다양한 과학기술의 'misconduct(직권 남용)'로 인하여 과학은 지금이야말로 깊이 윤리와의 관계를 따져 물어야 합니다. 현대과학에 결정적 역할을 한 근대과학에서 이런 윤리와의 괴리가 어떻게 생겨났는가를 비교과학사적으로 고찰하고 그 문제점을 지적하고 있습니다.

제2장 〈창발자기조직계로서의 자연〉에서는 17세기 이래, 르네 데

카르트의 '기계론적 자연관'의 한계가 지적되어 이것을 대체할 만한 자연관이 요구되어왔는데, 저자는 이것을 우주의 형성과 생명의 탄생 장면을 모델로서 감히 여기에 제시해 보았습니다.

제3장 〈도덕의 기원〉에서는 윤리 도덕의 원칙이 'a priori(선험적)' 에, 이른바 '하늘(天)로부터' 내려온 것처럼 무엇인가에 이미 정해져 있는 것이 아니라, 긴 진화의 과정에서 사회의 발전과 함께 만들어져 온 것을 최근의 뇌신경과학이나 인지행동학의 연구 성과에 의거해 밝히고, 종파(宗派)적으로 고정된 교의(敎義)에 의한 윤리로부터 보편적인 타자 이해의 동적인 윤리학으로 나아갈 길을 모색했습니다.

제4장 〈'공공'이란 무엇인가?〉에서는 지금까지의 '공(公)'과 '사(私)' 의 이원적 대립을 넘어 '새로운 공공'의 개념을 수립할 수 있도록, 최근의 '공공철학'의 논의에 입각하여 앞으로의 바람직한 모습을 전망했습니다.

제5장 〈'자연' 개념의 동서 비교〉에서는 그리스, 유럽, 중국, 일본의 자연에 대한 사고방식을 비교하고, 오늘날의 새로운 '자연관'의 창출을 위해 우리 모두의 참여를 촉구했습니다.

제6장 〈비교문명론의 현재-문명의 전환기〉에서는 인류사에 일어난 과거 문명의 전환을 되돌아보고, 현재의 '환경 혁명'이라는 문명의 전환에 대한 저자의 견해를 설명하고 있습니다.

저자는 어떻게든 이 강연들을 일반인들에게도 공개하고 싶은 바람을 저버릴 수 없었습니다. 왜냐하면, 이 나라, 이 세계가 앞으로 조금이라도 바람직한 방향으로 나아가기 위해서는 어떻게 사고방식을 바꾸어가면 좋은지, 널리 독자분들께 호소해보고 싶었기 때문입니다. 저자의 견해나 논지에 최소한 찬동할 수 있는 점이 있다면, 그다음에 가로막혀 있는 문제를 함께 생각해준다면 고마울 따름입니다. 저자 자신은 이미 팔순을 넘어가고 있으므로, 앞으로 얼마만큼 미래로 나아갈 수 있을까 염려되지만, 다가올 세대를 위해 다 함께 노력할 수 있는 것은 노력해가고 싶다고 기원하고 있습니다.

　다행히 저자의 저작집을 출판한 레이타쿠대학출판회(麗澤大学出版会)에서 이 강연집도 출판하게 되었습니다. 깊은 감사의 뜻을 표합니다.

2013년 8월
이토 슌타로(伊東俊太郎)

차 / 례

제1장

'과학의 윤리학'으로

들어가기

오늘은 '과학의 윤리학으로'라는 주제로 이야기하겠습니다. 영어로 말하면 'ethics of science'가 된다고 생각하는데, 때마침 공익재단법인 모라로지연구소 도덕과학연구센터[1]에서『윤리 도덕의 백서(倫理道德の白書)』(2006) 제1권이 나와 '의료윤리', '기업윤리', '카운슬링윤리', '정보윤리', '환경윤리' 등 다섯 영역에 걸쳐 각각 대단히 흥미로운 보고가 모여 세상에 나와 매우 기뻤습니다. 이 연구센터의 연구 성과가 세상에 알려지게 된 것은 아주 좋은 일로서 그 반응도 꽤 괜찮았다고 들었습니다.

오늘은 그런 '의료윤리', '기업윤리', '카운슬링윤리' 등의 무엇, 무엇 윤리라는 각론적인 것이 아니라, 과학 그 자체의 윤리라는 것을 문제 삼으려 합니다. 실은 지금까지 '과학윤리'라는 것은 별로 문제 삼지 않았던 것 같습니다. 그 이유는 얼마 전까지 과학이라는 것은 처음부터 좋은 학문이라고 정해져 있었고, 이것은 인류에 도움이 되는 참된 선(善)의 덩어리다. 그러니까 그것이 윤리학의 대상으로 이러쿵저러쿵 말할 처지에 있는 것이 아니라는 식으로 생각되었습니다. 따라서 과학자는 말할 것도 없이 일반 시민들도 그렇게 생각하고 "과학이

---

1)　역자 주: 1926년, 히로이케 치쿠로(廣池千九郎, 1866~1936)가 수립한 도덕과학(moralogy)을 기초로 도덕 윤리연구 및 사회교육을 목적으로 설립한 연구소. 이하 생략.

하는 일은 훌륭하니까 어서 진행해주십시오. 우리도 따라가겠습니다."라고 말해온 것이 사실이라 생각됩니다.

그러나 오늘날에는 말이지요, 그 무엇이라고 말할까요, '과학의 영웅사관'이라고 말하면 어떨지요. 확실히 과학에서 지식의 영웅이라는 사고방식은 이미 종언의 시대를 맞이하고 있습니다. 즉, 과학이라는 것은 반드시 그 자체를 선이라고 말할 수 없다는 것입니다. 이것은 맨해튼 계획[2]—원자폭탄이지요—으로부터 시작되는 그런 일련의 움직임 혹은 생물화학 병기, 그리고 또 과학기술의 발전에 따라 환경파괴를 불러온다든가, 생물과학의 발전에 따라 클론인간을 만들어낸다든가 하는 갖가지 위험한 것들이 차례차례 나오고 있습니다. 과학이 인간의 복지를 증진한다고 일컬어지지만, 인간의 파괴 혹은 근본적인 혼란을 가져다줄지 모른다는 것이 분명히 보일 것입니다. 지금이야말로 '과학의 윤리학으로'라는 것이 21세기의 큰 문제가 된다고 생각합니다.

---

2) Manhattan Project, 제2차 세계대전 중 미국에서 비밀리에 진행된 원자폭탄 제조 계획.

과학론의 궁극

저를 소개하자면 1960년대부터 과학사와 과학철학을 전공해오고 있지요. 과학의 역사나 사상을 연구하고 있었는데, 1980년대부터 역사나 철학을 그 자체만으로 연구하는 것은 충분하지 않다고 생각하게 되었습니다. 과학과 사회의 관계, 즉, '사회로부터 과학이 어떤 식으로 영향을 받고, 나아가 완성된 과학이 어떤 식으로 사회에 영향을 주는가, 이런 것을 밝혀야 한다, 과학을 과학만으로 가두어서는 안 된다, 그만큼 과학은 큰 영향을 사회에 주고 있고, 그래서 과학기술도 사회에 귀를 기울여야 한다는 그런 상호작용이 필요하겠다' 싶어서 과학의 철학, 과학의 역사로부터 과학의 사회학으로, 즉, 'philosophy of science', 'history of science'로부터 'sociology of science'로 옮겨 갔습니다. 그리고 1980년대에 그런 논문을 몇 편인가 썼습니다. 물론 해외에서도 그런 연구가 활발히 이루어지고 있었습니다.

하지만 여기서 하나 더 생각해보면 말이지요. 과학이 그런 식으로 사회에 의해 규정되었다든가, 혹은 과학이 이런 식으로 사회에 영향을 준다든가 하는 것에는 '그래서 어떻게 되는가?' 하는 것이 있게 되는 법이지요. 이렇게 큰 영향을 준다, '그러면 어떻게 해야 하는가?'라는 윤리적 과제가 당연히 거기에 등장하는 것이고, 그 결과 과학에서 논하는 학문, 즉 'meta-science'의 궁극으로서 결국 '과학의 윤리학'은 있다고 생각되었지요. 그것을 도쿄 대학(東京大学)에 재직하고 있을 때, 그곳 과학사·과학철학 교실에서 내던 잡지 첫머리에 쓴 적이 있었지요.

그것은 꽤 오래전의 이야기지만. 그래서 이 과학사회학 앞에 있는 과학윤리학, 즉 '과학과 윤리와의 관계, 이것을 고찰해야겠다, 이 관계를 지금이야말로 확실히 제시해야 할 때가 왔다'라는 생각이 들었습니다. 현대과학은 다양한 면에서 인간에게 복지를 가져다주었지만, 다른 한편으로는 인간과 생물 일반의 미래에 있어서 핵병기, 환경파괴, 유전자공학 등과 같은 결코 간과할 수 없는 문제를 일으켜왔고, 이 방향을 잘못 잡으면 인류의 미래는 위험하다고밖에 말할 수 없게 되었다는 것입니다.

그럼에도 불구하고 아직 이 방면에 고찰이 널리 이루어지고 있지 않습니다. 과학의 윤리를 다룬 책으로 최근 일본에서도 『과학의 윤리학(科学の倫理学)』(2002)이라는 우치이 소우시치(内井惣七) 씨의 책이 나왔습니다. 한편 『과학과 윤리(科学と倫理)』(*Wissenschaft und Ethik*, 1983)라는 독일어 논문집도 레클람 문고[3]에 들어가게 되었습니다. 그러나 아직 충분히 인지되지 않고 있다고 생각합니다. 그리고 아직 과학은 가치중립적으로 윤리적 선악과는 관계가 없다든가, 일반에게 과학은 윤리와는 관계없는 그 자체로 독립적으로 연구해야 한다든가 하는 개념이 널리 유포되고 있는 경향도 있습니다. 윤리 등은 상관없이 오직 자기의 전문 영역에 틀어박혀 나오지 않고, 새로운 사실을 발견하여 지금까지 없는 것을 만들어가면 그만이라는 암묵적 이해가 장기간에 걸쳐 형성되었다고 생각합니다.

사실 이것은 17세기에 '과학혁명'이라는 것이 일어나 근대과학이 출

---

3)   Reclams Universal-Bibliothek, 독일의 출판사.

현하고, 나아가 19세기에 그 근대과학이 전문화하는 'professionalization'이라는 것이 행해집니다. 그리고 제도화가 진행되어 학회가 생기거나 학회지가 생깁니다. 즉, 그런 과학자라는 새로운 연구자 집단의 'institutionalization'이라는 것이 일어납니다. 그리고 또 하나, 산업화라는 것이 있습니다. 이것도 그때까지 없었던 것인데, 과학의 산업화 혹은 과학기술의 산업화라는 것이 있었으며, 이 'industrialization'이 속속 진행되는 것에 따라 여러 가지 문제가 새롭게 나타나기 시작했습니다.

그러니까 근대과학의 사고방식은 오랫동안 '과학은 훌륭하다, 과학자가 하는 일은 모두 좋은 일이기 때문에 이러쿵저러쿵 말하지 말고 어서 따라와!' 하는 과학자의 특권적 태도를 만들어냈는데, 지금에 와서는 이런 상황은 있을 수 없지요. 과학과 윤리의 관계라는 것을 엄격히 따져 물어야 할 때가 오고 있어요. 그럼에도 불구하고 말이지요, 지금까지 과학과 윤리는 관계가 없다는 생각이 널리 유포되어 과학은 과학자만이 해나가면 된다. 모두 그 뒤에 따라가기만 하면 된다는 일종의 습성 같은 것이 생겨버린 것은 왜인가? 과학이 윤리로부터 떨어져 이것과 관계없어진 것은 도대체 언제부터인가? 이것을 따져 물어보는 것이지요. 그러면 이것은 17세기 근대과학 이후에 일어난 실로 특수한 사태라고 말할 수 있어요. 그러니까 그것을 따져 물어보아야 한다. 이런 자세로 근대과학의 특수성이라는 것을 밝히기 위해 역시 비교사상적인 혹은 비교문명적인 고찰을 해야 할 것입니다.

즉, 과학이라 해도 그것은 사실 근대과학이라는 하나의 유형에 지나지 않고, 여러 문명권에 여러 형태의 과학이 있는 것입니다. 그런 곳에서는 과학 탐구와 윤리적인 것이 과연 근대과학처럼 그렇게 떨어져 있었을까요? 그것을 먼저 살펴보려 합니다.

비교과학사적 고찰

 그러면 근대과학 이전에는 어떤 과학이 있었는가 하면, 최초로 머리에 떠오르는 것은 그리스 과학이지요. 그리스 과학에서 과학과 윤리는 어떤 관계에 있었을까요? 과학과 윤리는 무연(無緣)이었을까요? 그리스 과학이라고 말하면, 우선 세계의 수학적 질서라는 것을 주장하며 근대의 수학적 자연관의 기원을 만든 피타고라스(Pythagoras, 기원전 560경~기원전 500경)라는 인물이 생각나지요. '피타고라스의 정리'라는 것이 있지 않습니까? "만물은 수로 이루어진다."라는 유명한 명제를 내놓은 피타고라스이지요. 세계의 수학적 구조라는 것을 그는 탐구했습니다. 그러니까 근대적인 의미는 아니지만, 당시의 과학자라고 해도 좋겠지요. 근대적인 과학자는 아니지만, 그런 수학적인 자연연구를 했던 것입니다. 하지만 피타고라스는 동시에 오르페우스(Orpheus) 사상이라는 전통 아래에 있었습니다.

 오르페우스 사상이 무엇인가요? 인간의 혼(魂)은 말이지요, 예전부터 천상(天上)에서 신들과 함께 살고 있었습니다. 거기서 맑고 조촐한 행복한 삶을 누리고 있었는데, 어느 날 지상으로 떨어져 버렸다. 그리고 그 떨어진 혼이 인간의 육체 안에 틀어박혔다. 그러니까 그 혼이 다시 거듭 천상으로 되돌아가기 위해 '청결한 삶—카타로스 비오스(katharos bíos)'라는 그리스어로 말하는데, 그것을 실천해야 한다는 것입니다.

혼의 정화(浄化)를 위해 음악이라는 것을 해야 하는데, 피타고라스에게 음악은 혼을 깨끗이 하는 실천이라는 것이지요. 그 음악의 이론적 연구를 하는 사이에 놀라운 발견을 한 것입니다. '협화음정(協和音程)'의 발견이라는, 즉 8도와 5도와 4도, 즉 현의 길이를 1대 2라든가, 2대 3이라든가, 3대 4라든가 하는 정수 비(比)의 길이의 현을 동시에 울리면, 그 음이 조화를 이룹니다. 그런 '협화음정'의 비례적 관계를 발견하고, 그것을 느끼는 인간 혼의 구조와 우주의 수적 조화라는 것을 인식하면서부터, 세계에서 처음으로 '수학적 자연관'이라는 것을 제창하게 되었지요. 그러니까 우주의 수학적 구조를 설명한 과학자 피타고라스는 동시에 인간 혼의 조화를 문제 삼아, 이것을 실천하기 위해 '깨끗한 삶'을 실천한 윤리의 실천자입니다. 여기에 모순이 있을 리 없습니다. 즉, 두 가지 모두가 결부된 것입니다.

그리고 플라톤(Plátōn, 기원전 427~기원전 347)은 『티마이오스(ティマイオス)』(Timaeus)라는 책 속에서 그 우주의 수학적 구조를 논했습니다. 우주는 수학적 질서로부터 나와서 어떤 구조물이냐고 말입니다. 그의 우주론, 자연학은 거기에 나와 있습니다. 그것은 '데미우르고스(dēmiourgós)'라는 일종의 세계를 만든 창조자와 같습니다. '이데아(idea, 형상)'를 '파라디그마(parádeigma, 모형)'로서 '코라(chōra, 장소)'라고 불리는, 말하자면 캔버스 위에 그 우주의 구조를 그려냅니다. 그러니까 우주가 완성되는 것입니다. 이데아를 보면서 만들어낸 것이기 때문에, 그 우주는 그런 '이데아'의 선(善)이나 미(美)가 거기에 들어가 있는 것이지요. 그래서 여기서도 자연 연구와 윤리학은 떨어져 있지 않습니다.

아리스토텔레스(Aristotélēs, 기원전 384~기원전 322)는 어떠했을까요? 아리스토텔레스는 말이지요. 자연에 있어서 '진리의 지식'과 혼에 있어서 '덕의 지식'이라는 것을 우선 구별했습니다. 그런데 이것을 역시 통일하려 한 것이지요. 자연학과 윤리학을 역시 통일하려 했습니다. 일반적으로 그리스 세계라는 곳을 들여다보면, 거기서 자연을 탐구한 사람들 역시 인간의 영역, 윤리의 영역을 반드시 다루고 있었습니다. 자연만을 연구해서 윤리의 영역을 모른다는 철학자, 과학자는 그리스에서는 한 명도 없었습니다. 원자론의 데모크리토스(Dēmókritos, 기원전 460경~기원전 370경)처럼 유물론자라고 불리는 사람들조차도 인간이 살아가는 바람직한 자세라는 것을 역시 문제 삼고 있는 것이지요.

그러니까 그리스에서는 자연 연구와 윤리연구는 따로 떼어 생각하지 않았던 것이지요. 알렉산드리아(Alexándreia, 기원전 356~기원전 323)의 과학으로 옮겨지게 되자 과학의 전문화가 진행되어 근대과학에 가까워지는 때가 있었는데, 이 시대를 대표하는 과학자 아르키메데스(Archimedes, 기원전 287~기원전 212)는 역시 자기가 단순한 과학기술자로 보이는 것을 수치스럽게 여긴 적이 있었다는 것에 주목해도 좋겠지요.

그러면 다음으로 또 하나 다른 영역, 중국 과학의 경우는 어떠했을까요? 중국에서의 과학연구는 무엇보다도 '치국평천하(治國平天下)'라는 것입니다. 과학이라는 것은 치국평천하를 지향한다. 나라를 다스리고 천하를 평정하는 것을 목표로 하는 것입니다. 예를 들어 수학, 중국 수학의 바탕이 되었던 『구장산술(九章算術)』이라는 책이 있습니다. 또한, 천문학의 『주비산경(周髀算經)』이라는 책이 있습니다. 이런 것을 보면 모두 그런 것이지요. 치국평천하를 위한 과학이라는 것입니다.

예를 들어 『구장산술』 속에 '균수장(均輸章)'이라는 것이 나옵니다. 거기서 무엇을 하고 있었는가 하면, 옛날에 서민이 세금을 바쳤습니다. 관료가 그것을 거두어야 하는데, 먼 곳에서 바치는 사람도 있고 가까운 곳에서 바치는 사람도 있었습니다. 그러면 같은 세금이라도 먼 곳에서 바치는 것은 힘듭니다. 가까운 곳이 편하니까 그것을 고르게 한다, 즉 먼 곳으로부터 바치는 세금은 거리에 따라 바치는 양이 적어도 좋지만, 가까운 곳에서는 세금을 간단히 바칠 수 있으니까 더 많이 바친다는 일종의 비례 수학이지요. 이것을 하고 있었던 것입니다. 이것은 치국평천하 때문입니다. 불평등하게 바치는 것이 아니라, 되도록 평등하게 바치도록 하는 것이지요. 어질게 다스리고, 어진 정치를 한다, 이런 것을 지향하고 있는 것입니다. 『주비산경』은 천문학을 통해 하늘을 관측하고 달력을 만들며, 여러 가지 농사 등을 순조롭게 하도록 한다는, 그런 중요한 관료제 속의 기술이었던 것입니다. 왕이 어진 정치를 하기 위해 그런 관료제 속에 천문학이 발달하고 있었다는 말이죠.

그러니까 중국의 과학이라는 것은 이른바 사대부에 의한 '경세제민(經世濟民)'의 학문이었지요. 여기서 '경제'라는 말이 나왔는데, 결국 경세제민이라는 것이지요. 사대부는 그것을 행하는 중국의 관료입니다. 즉, 과거시험에 합격한 관료, 이 관료가 경세제민을 위해 그런 과학을 만들고 그것을 사용한 것입니다. 그리고 사대부들의 이상(理想)의 중핵에는 유교가 있습니다. 그러니까 중국과학은 사대부의 경세제민의 유교 윤리를 어떤 의미에서 구현하고 있습니다. 따라서 여기서도 과학은 윤리와 무연이 아니라, 오히려 과학연구는 유교 윤리에 이끌려 그것을 인도하며 만들어간다는 것이지요.

그런데 중국에는 이 '사대부의 과학'과 또 다른 계통의 과학이 있었는데, 그것이 '방사(方士)의 과학'입니다. 그것은 도교에 기초합니다. 유교가 아니라 도교의 전통에 기초하여 관료제의 틀에서 벗어나, 자연과 좀 더 직접 마주 보고 물질의 연구를 합니다. 중국의 '연금술(鍊金術)' 같은 것은 여기서 나온 것이지요. 도교의 전통에서 나온 것입니다. 중국에서는 연금술이라고 말하기보다 오히려 '연단술(鍊丹術)'이라고 말하는 편이 좋겠습니다. 금을 만든다기보다 단이라는 물질을 만듭니다. 이것은 불로장생을 위한 상당히 소중한 물질입니다. 그런 물질을 만듭니다. 이것에 관한 『포박자(抱朴子)』라는 연단의 책이 있었는데, 여기서 갈홍(葛洪, 283~343)이라는 사람은 그런 것을 쓰고 있었습니다.

이 중국의 연단술은 도교에 따른 연구이지요, 도(道)의 연구, 즉 '따오(dào)'의 연구라는 것과 일체화하고 있는 것입니다. 단순한 물질연구라는 것이 아니지요, '따오'의 연구, 도의 연구라는 것이지요. 그러니까 이 도의 탐구라는 윤리와 여기서 겹쳐 있는 것입니다. 이런 의미에서 중국의 전통과학은 유교적인 방향에 있어서도, 도교적인 방향에 있어서도 윤리적 사상과 상당히 강하게 결부되어 있다고 말할 수 있겠지요.

그러면 이슬람 세계의 경우는 어떠했을까요? 17세기의 '과학혁명' 이전, 이슬람에서의 과학은 무엇이었을까요? 이슬람에서 과학은 '이름('ilm)'이라고 불렀습니다. '이름'이라는 말은 '알리마(alima)'라는 '알다'라는 말로부터 나옵니다. 그러니까 지식이라는 의미입니다만, 과학은 이 '이름'이라는 것입니다. 그런데 이 '이름'이라는 것은, 실은 이것만으로는 완전히 정해지지 않고, '히크마(ḥikma)'라는 것과 결부되어 있어요. '히크마'라는 것은 '하카마(ḥukamā')'라는 동사로부터 온 것인데, '현명하다'라는 의미이지요. 단순히 '알다'라는 의미가 아니라 '현명하다'라는 의미입니다. 그러니까 '이름'이 과학 혹은 지식이라면, '히크마'는 예지(叡智)가 되겠지요. 그리고 '이름'은 '히크마'에 종속해 있는 것입니다.

물론 '히크마'는 신의 인식과 직결하는 것입니다. 그래서 이슬람 과학자들은 모두 '히크마'와 결부되어 '하킴(ḥakīm)'이라는 것으로 되어 있어요. '하킴'과 '히크마'는 어근이 같아요. 자음은 같기 때문에 같은 의미를 갖고 있습니다. 그래서 '하킴'은 '현인(賢人)'으로 번역되는데, '예지인(叡智人)'이라고 해도 좋겠지요.

이 '이름'을 추구하는 것이 '지식인(知識人)'—과학자라면 '하킴'은 '예지인'인데, 지식이라는 것은 예지 아래에 있는 것이지요. 이것에 이끌리는 것입니다. '이름'은 '이름'으로서 독립해 있는 것이 아닙니다. 그러니까 이슬람에서 과학자라고 불리는 사람은 모두 '히크마', 예지라는 말과 결부하는 '하킴'이라는 것이지요. 단순히 지식인이 아니라 예지인이 되어야 했다는 말입니다. 따라서 그들은 무엇인가 하나의 전문 영역에만 몰두하지 않았어요. 이것만으로는 단순한 전문가가 되어버릴 뿐이지요. 그러므로 거기서 멈추지 않고 여러 가지 관련된 지식이라는 것을 전체적으로 연구하며, 그리고 그 안의 지식, '타우히드(Tawḥīd)'라는 것을 찾아갑니다. '타우히드'는 '통일'이라는 의미입니다. 지식은 뿔뿔이 흩어져 있지 않습니다. 세계 전체는 신이 만든 것이니까, 여러 가지 지식과 연관이 있는 것으로 '타우히드'라는 것을 찾아가는 것입니다. 그리고 시도 읽고 『쿠란(qur'ān)』도 올바르게 해석하는 사람이 이슬람에서 말하는 지식인 '하킴'이 되겠지요.

그러니까 이른바 화학자, 물리학자, 수학자와 같은 구별은 본래 없었던 것입니다. 그것은 후대 사람이, 후대의 유럽인이 뿔뿔이 흩어진 전문 영역이 생긴 후에 '아! 여기에 우리가 말하는 대수학의 선구자가 있었다'라든가 혹은 '화학의 선구자가 있었다'라든가 하며 골라낸 것에 지나지 않는 것입니다. 자비르 이븐 하이얀(J. I. Hayyān, 721~815경)은 연금술사라고 불렸지만, 다른 여러 가지 것을 하고 있었습니다. 철학도, 신학도 공부했습니다.

오마르 하이얌(O. Khayyám, 1048~1131)은 어떠했을까요? 대수학자라고 불렸지만, 시도 썼지요. 오마르 하이얌의 시는 세계적으로 유명하지 않습니까? 또한 이 사람은 천문학도 해서 달력도 만들었습니다. 물론 『쿠란』도 꼼꼼히 읽었지요. 이븐 시나(I. Sīnā, 980~1037)도, 이븐 루시드(I. Rušd, 1126~1198)도 그런 종합 지식인이었습니다. 그래서 그들은 자칫 근대과학, 또한 대수학, 화학, 의학의 선구자로 간주됩니다.

하지만 그것은 단지 그들의 업적이 근대과학에 미친 영향만을 파악하여 그 지적 활동만을 특화하고 있는 것입니다. 그들은 결코 그런 하나의 전문영역에 몰두하는 과학자, 이른바 근대의 과학자는 아니었습니다. 신이 만든 우주의 '타우히드'의 통일성이라는 것, 그런 것에 바탕이 되는 여러 학문의 연관을 의식한 종합적 지식인으로서, 그 과학적 활동이 윤리적 의식과 결부되어 있었던 것입니다. 오히려 '이름(지식)'은 '히크마(지혜)'와 결부되어 있었다고 말해도 좋은 것이 이슬람의 지(知)의 구조라고 생각합니다.

그렇게 본다면 근대과학 성립 이전 과학의 제(諸) 유형, 다양한 문명에 출현한 과학에서 과학과 윤리는 다른 것이 아니었습니다. 그것은 깊게 결부되어 있었던 것이지요. 그러니까 과학과 윤리의 분리라는 특수한 사정은—지금은 과학자가 거의 윤리적 시야를 가지고 있지 않아요—근대과학에 특유한 새로운 것이지요. 자기의 전문성을 조금 더 추진하려 하지만, 그것이 지닌 윤리적 의미에는 거의 무관심하지요. 이런 과학과 윤리의 분리는 도대체 어떻게 생겨난 것인가. 지(知)는 원래 방금 본 것처럼 반드시 그렇지 않을 뿐만 아니라, 오히려 반대였습니다. 그리스적인 지의 구조, 소피아의 구조에 있어서도 중국이나 이슬람의 지의 구조도 그랬습니다.

근대과학에서 지(知)의 특수성

근대에는 특수한 일이 일어났습니다. 도대체 그것이 무엇일까요? 과학과 윤리가 지금처럼 뿔뿔이 흩어지고 서로 관계없는 것이 되기에 이르는 과정은 왜 일어났을까요? 이것을 생각해보아야 합니다. 이제는 당연한 것이 되어버린 이 사태에 새롭게 눈을 돌려야 합니다. 지금 이야기하고 있는 것처럼 비교사상적, 비교과학사적으로 보면 이것은 분명히 특수한 사태입니다. 그것은 어떻게 해서 일어난 것일까요. 다음으로 그 사태를 바라보고 싶은 것입니다.

근대과학이 발생한 17세기 유럽은 '위기의 시대'였습니다. 자주 말해지듯 17세기는 위기의 시대였죠. 30년 전몰[4]이 일어나기도 하고, 청교도혁명이 일어나기도 하며, 종교적인 대립도 매우 힘든 시대였습니다. 유럽은 대혼란의 시대였지요.

당시엔 예를 들어, 조르다노 브루노(G. Bruno, 1548~1600)가 화형에 처해진 일이 있었습니다. 조르다노 브루노는 지동설을 주장했기 때문에 불에 타죽었어요. 그전에 갈릴레오 갈릴레이(G. Galilei, 1564~1642)의 재판도 있었습니다. 요하네스 케플러(J. Kepler, 1571~1630)의 모친은 마녀로 몰리며 박해를 당했죠. 갖가지의 그런 일이 함께 일어나던

---

4)   유럽 대부분의 지역에서 기독교 신흥세력인 프로테스탄트와 기존 세력인 가톨릭이 충돌하여
     1618년부터 1648년까지 30년간 일어난 종교전쟁.

시대입니다. 그러자 당시 자연 연구에 종사하는 사람들은 종교적 대립이나 윤리적인 문제에서 벗어나, 그런 것과 관계없이 자연을 연구하고 싶다는 경향이 점점 강해졌지요. 여기서 자연과학 분야에서 신학이나 윤리학이 그 밖의 문화 영역에서 떨어져 그것만의 학문으로써 과학을 해 나아가자고 하는 경향이 나타났습니다. 그러니까 이것을 일종의 '과학의 울타리 두름(科学の囲い込み)' 현상이라는 말로 저는 표현하고 싶습니다.

'Enclosure'라는 말이 있습니다만, '울타리 두름(囲い込み)'이란 본래 토지의 상태를 말하는 것인데, 여기서는 과학이라는 지식의 울타리 두름이 일어났다는 말입니다. 이것은 17세기 이후에 주목해야 할 일이라고 저는 생각합니다. 그 이전에는 이런 식으로 과학이 울타리가 둘리지 않았습니다. 여러 다른 문화와 결부되어 있었습니다. 하지만 이때 울타리 두름이 일어났어요. 그래서 블레즈 파스칼(B. Pascal, 1623~1662)이 말하는 '기하학의 정신(ésprit géométrique)'과 '세심한 마음(coeur de finesse)'이라는 것이 분열돼 가지요. 분열돼버립니다. 파스칼은 그 위기를 예감한 사람이지요. 그렇게 되어갑니다. 여기서 과학의 탈윤리화라는 문제가 생겨나게 됩니다. 과학자만의 전문가 집단으로 좁게 굳어져 버립니다.

좀 더 파고 들어가 생각해보면, 과학자 집단의 탈윤리화라는 것에는 두 가지 큰 사상적 요인이 있지 않았나 생각합니다. 하나는 르네 데카르트(R. Descartes, 1596~1650)의 '기계론적 자연관'이라는 것이 거기서 형성되는 것입니다. 데카르트의 기계론적 자연관은 그리스에서도, 중국에서도, 이슬람에서도 없었던 것이지요. 이것은 유럽 근대과학의 성질입니다.

이슬람과 유럽의 과학은 선생과 제자의 관계로 가까웠다고 전해지고 있지요. 하지만 이슬람에서 데카르트의 기계론적 자연관을 찾으려 해도, 이슬람에서는 없어요. 그러니까 이것은 상당히 서구의 특수한 사상이라는 것입니다. 기계론적 자연관이 무엇이냐면, 세계를 죽은 세계로 보는 것이지요. 생명을 잃은 단순한 기하학적 펴짐으로써 세계를 보는 것입니다. 그러니까 세계에서 생명이 없어지는 탈생명화라는 것이 일어나지요. 그것을 연구하는 자기라는 존재는 "생각한다. 고로 나는 존재한다(Cogito, ergo sum)."의 나입니다만, 그것도 단순히 지(知)적으로 생각한다는 것만을 가리키기 때문에, 생명적 기반이 잊혀져 버립니다. 그러니까 사유(思惟)하는 자아와 연장(延長)하는 물질 사이에서 생명이 탈락해버리는 세계의 탈생명화인 동시에 세계에 대한 탈윤리화의 깊은 뿌리가 되어 있지 않은가 하고 생각되는 것입니다.

또 하나의 원인으로는 프랜시스 베이컨(F. Bacon, 1561~1626)이라는 사람이 그 '주도권(initiative)'을 잡았다고 해도 좋겠습니다. "지식은 힘이다."라는 사고방식을 거기서 새롭게 내놓은 것입니다. 이것은 그리스에서는 없던 것입니다. 그리스에서는 세계를 인식하려 했어요. 하지만 세계를 힘으로 지배하려 하지는 않았지요. 중국인은 세계를 이용하려 했을지는 몰라요. 이슬람도요. 하지만 지배하려 하지는 않았지요.

그런데 이 베이컨은 말이지요. "아는 것은 힘이다(scientia est potentia)."라는 것으로 힘으로써 세계를 지배하고 자연을 정복해서, 그것을 인간을 위해 이용한다는 사고방식을 여기서 드러내지요. 즉, '자연'은 인간에 의해 이용되고 지배되는 단순한 '자원'이 되어버리는 거예요. 이 자연의 자원화라는 것에 과학의 탈윤리성의 또 하나의 뿌리가 있다고 생각합니다. 이 자연 정복을 위해서는 실험이라는 것을 해야 합니다. 그리스인처럼 단지 자연을 관찰하는 것만으로는 쓸모없다고 보는 것이죠. 그것에 의해 세계의 자세한 분석이 가능해지므로 세계의 유효 이용을 도모할 수 있습니다. 자연의 지배도 가능하게 됩니다. 여기서 과학적 지식의 'effectivity(실효성)'라는 것이 중요한 것이 되기 시작합니다. 당시 그는 자연을 모두 수탈하고 그 위에 '인간의 왕국'을 만든다는 이상(理想)을 내걸었는데, 그 이상이 거의 실현되었지요. 결국 그 후 과학문명이라는 것이 척척 이 방향으로 나아가며, 그다음에 '산업혁명'이라는 것이 일어납니다.

프랜시스 베이컨은 '산업혁명'의 예언자로 불리는데, 실제로 그 후 18세기 후반에 산업혁명이 일어나 베이컨의 꿈이 실현됩니다. 과학과 기술이 밀접하게 연대하고, 자연을 수탈하며, 인간의 편의를 증대시켜, 자연 위에 '인간의 왕국'이 상당히 실현되었습니다. 아니, 상당한 정도, 더할 나위 없을 정도로 형성되었는지 모릅니다. 그 때문에 그 '인간의 왕국'을 떠받치고 있는 자연은 마침내 견뎌내지 못하고 와르르 소리 내며 붕괴하기 시작하고 있는데 그것이 현재의 환경 문제이지요.

게다가 18세기가 되자 '계몽사상'이라는 것이 나와 지식의 '무한 진보'가 전해집니다. '산업혁명'과 '계몽사상'은 거의 동시에 진행됩니다만, 산업혁명에선 과학의 산업화라는 것이 행해지지요. 그렇게 해서 자연의 실효적인 이용을 척척 진척시킴에 따라 인간의 욕망도 그것과 함께 한없이 증대해 갑니다. '더욱, 더욱' 하면서 온갖 편리함이 지나치게 편리할 정도로 갖춰져 있지요. 그리고 대량생산, 대량소비, 대량폐기를 불러온다고 말하며, 자칫하다가는 인간의 한없는 욕망이라는 것이 공범자가 되어 함께 멸망의 길로 접어들 수밖에 없습니다.

또 하나 보태고 싶은 것은 19세기에 등장한 완전한 전문화라는 것이지요. '과학의 전문화(professionalization)'입니다. 아직 아이작 뉴턴(I. Newton, 1643~1727)이나 데카르트 시대는 그 정도는 아니었지만, 이 시대가 되자 이제 정말로 전문화가 치열해집니다. 그래서 과학자는 작은 자기의 영역에만 틀어박히게 됩니다. 그리고 좁은 곳에서 무엇인가 새로운 것을 합니다. 예를 들어 DNA 연구라고 해도, DNA의 어느 부분의 몇 번째 염기[5]만을 연구한다든지. 그것을 하고 거기서 무엇인가 새로운 것이 나오면 논문이 되는 것처럼. 자기는 이 벽만 바르지만, 집 전체는 어떻게 되는지 모른다고 합니다. 벽을 도배했지만, 그러나 끝나자마자 집 전체가 무너져 내린다고 한들, 그것은 내 알바가 아니라고 말하게 되는 것입니다. 전체에 대한 비전이나 책임이 없는 것이죠.

그런 'Professionalization'을 지탱하는 것이 과학의 제도화이지요. 좁은 영역의 학회를 만들고 그 속에서 경쟁하는 것입니다. 모두 거기서 선취권 다툼을 합니다. 내가 먼저다, 내가 먼저라며 말입니다. 이런 것은 그리스에서는 일어나지 않았지요. 아르키메데스(Arkhimédēs, 기원전 287~기원전 212)와 유클리드(Eukleídēs, 기원전 3세기~?)가 선취권 다툼을 했습니까? 중국에서도 이슬람에서도 들어본 적이 없어요. 하지만 뉴턴과 고트프리트 빌헬름 라이프니츠(G. W. Leibniz, 1646~1716)는 이미 선취권 다툼을 하고 있었습니다. 즉, 그것은 'Royal Society'[6] 등이 생기거나 'Académie des sciences'[7]가 생기거나 해서, 무엇인가 그런 과학이 제도화되어 가는 것입니다.

---

5)   鹽基, 산(酸)과 반응하여 염(鹽)을 만들 수 있는 DNA의 구성물.
6)   1660년경에 자연 지식을 향상하기 위해 설립한 영국 런던의 왕립협회.
7)   1664년 프랑스 국내의 과학 연구를 활성화시키고 보호하기 위해 창립한 프랑스 국립 학술단체.

그리고 또 하나는 '산업화'의 요청입니다. 방금 말한 이 산업화가 맹렬히 진행되지요. 굉장한 기세로 진행되고, 이제 윤리 기반이다, 이러쿵저러쿵 말하지 않으며, 좁은 영역 속에 들어온 동업 그룹 사이에서만 과학은 진행해갑니다. 그리고 그것을 이끌어가는 것이 'peer review(상호검사)'이지요. 동료 내부의 'peer review'입니다. 그 안에 동료 이외의 사람들이 들어오는 일은 거의 없지요. 'peer review'라는 것은 확실히 좁고, 자기들만으로 같은 패러다임을 공유하고 있는 것입니다. 그러니까 그 패러다임 이외의 것은 전혀 들어오지 않습니다. 그렇게 되면 윤리적 기반이라는 것은 이제 없어져 버려요. 스스로의 좁은 전문성 속에서 무엇인가 새로운 것을 발견하여 그 전문가 집단 속에서 인정받으면 그만이라는 태도가 생기지요. 이것이 과학의 중립성이라는 체제의 좋은 말의 알맹이이지요. 외부로부터의 말참견은 허용하지 않게 됩니다.

19세기가 되어 자본주의가 팽창하면, 이러한 태도가 산업화와 결부되어 실효를 거두려던 끝에 공해가 생겨납니다. 그러한 사태가 되어 과학과 윤리는 무연하다는 식으로 진행되어 오는데, 근대 이후 300년 동안의 일이지요. 하지만 이것은 지식의 본래 모습이 아닐 것입니다. 또 사실 그 때문에 나타난 폐해가 현재 보이는 것이지요. 이것을 어떻게 다시 생각해야 하는가 하는 것이 '과학윤리학'의 큰 과제일 것입니다.

'과학윤리학'의 필요성

지금까지 이야기한 것을 통해 알게 되었으리라고 생각합니다만, 과학과 윤리의 괴리 현상은 '약 300년 정도 최근의 근대과학 발전 속에 나타난 특수한 사태'라고 보는 것이 좋지 않을까요. 이것은 지금까지 다른 여러 문명권의 과학과의 비교에서도 알게 되었다고 생각합니다. 현대에는 과학이 윤리로부터 완전히 떨어져 독주하고 있습니다. 도대체 윤리란 무엇일까요? 윤리는 제 생각으로는 '타자의 인격과 생명을 자기 자신처럼 존중하는 것'이 아닌가 생각합니다. 예를 들어 제가 최근에 『우리들의 시대에 일어난 일(われらの時代に起こったこと)』(1979)이라는 책을 읽고 크게 놀랐어요. 원자폭탄 제조에 관한 책입니다. 최근 제목이 『원자폭탄을 만든 과학자들(原爆をつくった科学者たち)』(1990)로 바뀌었습니다만, 실제로 원자폭탄을 만든 미국 과학자의 기록입니다. 읽어나가면 섬뜩하지요.

여기서 그들은 "자기는 이것을 해냈다.", "저것을 해냈다.", "만세!"라는 말만 적고 "자기는 여기를 담당했는데 이토록 잘됐어." 하는 것을 적어놨어요. 그리고 "많이 고생했지만 잘돼서 감격했다."라는 이야기뿐이지요. 그들은 인류를 전멸시킬지 모르는 두려운 무기를 개발하고 있었습니다. 그리고 히로시마(広島), 나가사키(長崎)의 20만 명의 사람들을 산 채로 죽이는 그런 큰일을 저질러버렸습니다. 그렇게 되리라는 것을 머리 한구석에도 떠올리지 않았다는 사실이지요. 누군가

한 명이라도 '이것이 완성되면 큰일 날 것이다'라든가 '아아! 나는 이런 일을 해냈지만 이대로 괜찮을까'라든가 하는 것이 한 마디라도 있었는가 하면, 없었다는 거죠. 어디에도 없어요. 이것은 저에겐 좀 놀라운 일이었답니다.

즉 좁다, 방금 전문화라고 했지만, 그 좁은 전문화의 제도 속에 들어와 버렸고, 로스 앨러모스 연구소[8]라는 과학의 우리에 들어와 다른 것은 전혀 생각하지 않고 있었어요. 그들은 과연 그들 이외의 다른 사람의 인격과 생명을 자기처럼 존중하고 있었을까요, 밝혀지지 않고 있어요. 그러니까 그들에게는 윤리가 없다는 겁니다. 이런 과학자에게는 윤리가 없다고 저는 생각합니다. 그럼에도 불구하고 이 문제에 결말이 나지 않고 있어요. 철저하게 이 문제를 추궁하는 사람이 아직까지 없어요.

『원자폭탄의 탄생(原子爆弾の誕生)』(1993)이라는 책이 나와서 시계열[9]적으로 이런 일이 있어서 그런 일이 일어났다고 쓰여 있습니다. 하지만 여기에 문제가 되고 있는 '과학의 윤리'라는 관점에서 이 문제를 다루고 철저하게 해명한 책은 아직까지 없지 않습니까? 그러니까 애매한 채로 방치된 거죠. 이전에 원자폭탄을 만든 로스 앨러모스 연구소에 소속하고, 원자폭탄 탑재기에 실어 그 원자폭탄을 떨어뜨리고, 그 사진을 찍은 미국인 과학자가 일본에 왔었지요. 원자폭탄으로부터 살아남은 사람들 가운데 두 사람과 대담하고 있을 때 "나는 절대로 사과하지 않는다."라고 했습니다. "나는 나쁜 짓은 하지 않았다."

---

8) Los Alamos National Laboratory, 제2차 세계대전 중에 1943년 맨해튼 계획의 일환, 원자폭탄 개발을 목적으로 미국 뉴멕시코주의 로스 앨러모스라는 도시에 창설된 국립 연구기관.
9) 時係列. time series. 어떤 현상의 시간적인 변화를 연속적으로 관측해 얻은 값의 계열.

라는 것이지요. 자기는 "과학자로서의 책임을 수행했을 뿐이다."라고 말하고 있었습니다.

인간으로서 어떻게 책임질 것인가? 이 문제를 역시 철저하게 밝혀내지 않으면 과학의 미래는 위험합니다. 그러니까 저는 구체적인 연구로서의 맨해튼 계획을 과학윤리의 입장에서 철저하게 원점으로 되돌아가 다시 생각할 필요가 있다고 생각하고 있습니다. 이 시계열적인 역서 저술만으로 그치지 않는 과학윤리의 입장에서, 그것을 정확히 정리하고 내놓아야겠지요. 그렇지 않고 애매한 채로 계속 사태가 진행되어간다면, 핵 문제로 전 세계는 머지않아 큰일 난다, 아니, 나고 있다고 봅니다.

이란이 어떻다든가, 북한이 어떻다든가 하는데, 핵의 원칙은 정해져 있지 않습니다. 미국은 아직도 원자폭탄 제조를 그만두지 않습니다. 자기가 있는 곳에서 만들면서 다른 곳에서는 만들지 말라는 셈이죠. 그러니까 그런 모순을 우리는 근본적으로 해결해야 합니다. 이 문제를 철저하게 추궁하려 해도 미국의 학자는 대체로 할 수가 없어요. 그러면 다른 나라에서 해야 합니다. 특히 일본인이 반드시 해야할 일이 아니겠습니까? 히로시마와 나가사키의 경험을 갖고 있는 일본인은 정확히 그 문제를 추궁해야 합니다. 그렇게 저는 생각합니다.

이러한 과학연구의 '인간소외'라는 문제와 나란히 과학윤리학의 현대적 과제로서 몇 가지를 들 수 있겠습니다. 우선 첫째로 'intra-scientific'의 문제가 있다고 생각합니다. 그것이 무엇인가 하면, 과학연구의 내부에서 일어나고 있는 문제, 즉 '치열한 경쟁'이라는 것입니다. 지금 과학의 연구, 기술의 연구는 굉장히 치열한 경쟁 하에 놓여 있어요. 그것에 의한 연구자금은 결국 쟁탈이라는 양상을 띠고 있습니다. 그런 연구자금의 문제와도 밀접하게 결부된 과학 경쟁. 『노벨상의

결투(ノーベル賞の決闘)』(1992) 등을 읽어봐도, 과학을 상당히 추한 것으로 간주하고 있지요.

두 번째로 'intra-scientific'의 영역에서 일어나고 있는 것으로서 '데이터 조작'이라는 것이 있습니다. 이것이 차례차례로 일어나고 있습니다. 한국에서 ES세포(배아줄기세포) 사태가 있었지요. 황우석(黃禹錫)이라는 사람이지요. 사람의 ES세포로부터 장기(臟器)를 만들어서, 그것을 다시 그 사람의 나빠진 장기와 바꿔치기하면 거부반응이 일어나지 않으니까 굉장히 좋을 것이라고 주장했지요. 하지만 그것은 데이터 조작이었어요. 일본에서도 있었지요. 구석기 조작이라는 것이 있었는데, 이것은 사전에 조몬 시대(繩文時代)의 석기를 땅속 깊이 넣어둔 것이었습니다.[10] 그리고 지금 도쿄 대학의 공학부(工学部)의 어떤 RNA[11]의 실험 데이터가 의심스럽다고 해서 재조사가 요구되었는데, 그것은 불가능합니다. 그러면 "실험의 데이터는 어떻게 되어 있는가?"라고 물어보니 "컴퓨터로 했기 때문에 컴퓨터 안에 있다."라고 대답했어요. "노트에 적어두지 않았습니다. 그런데 컴퓨터 기록은 사고로 없어져 버렸습니다."라고 답했지요. 조수는 그렇게 말하고 있습니다. 결국, 이것을 어쩔 수 없이 받아들여 『네이처(ネイチャー)』(Nature)에 낸 논문을 철회하고 있었습니다.[12] 그러니까 『네이처』에 냈다거나 『사이언스(サイエンス)』(Science)에 냈다 해도 신용이 없는 상태가 되어 있는 것입니다.

---

10) 2000년 11월 5일, 『마이니치신문(毎日新聞)』이 토우후쿠문화연구소(東北文化研究所)의 고고학자 후지무라 신이치(藤村新一)에 의해 발굴된 구석기와 유적이 사전에 땅속에 넣어둔 것이라고 보도한 사건.

11) 리보핵산, 생명체의 단백질을 만드는 DNA와 더불어 중요한 세포 중의 하나.

12) 2013년, 오보카타 하루코(小保方晴子)가 다른 연구자에 의한 데이터 조작의 지적을 받아들이며 논문을 철회한 사건.

지금 이러한 문제를 미국의 윌리엄 브로드(W. Broad)와 니콜라스 웨이드(N. Wad)가 『배신의 과학자들(背信の科學者たち)』(*Betrayers of the Truth: Fraud and Deceit in the Halls of Science*, 1982)이라는 책에서 정리하고 있습니다. 거기서 이러한 예가 계속 드러나고 있습니다. 정말로 싫어질 정도입니다.

그리고 세 번째는 뭐냐면, 최근 상당히 문제가 되는 '표절'이라는 문제입니다. 다른 사람의 논문을 이름과 제목만 바꿔 별로 유명하지 않은 잡지에 내는 것입니다. 내용은 완전히 똑같지요. 유명한 잡지에 내면 금방 알겠지만요. 2, 3류의 잡지에 내는 것입니다. 심사원은 400쪽 정도의 잡지를 전부 하나하나 체크하지 않지요. 그러니까 중복된 것을 모른 채 통과되고 말죠. 그러면 그것이 자기의 논문실적에 추가되는 것입니다. 그런 예도 이 책 속에 소개되고 있습니다. 그런 일이 행해지고 있어요. 과학이라는 경쟁사회 속에서 그런 것이 일어나고 있다는 거예요. 이런 것은 우선 과학윤리학의 'intra-scientific'적인 문제로서 어떻게 할 것인가라는 것을 문제 삼아야겠지요. 제대로 된 체크 체제와 규칙을 확립해야 한다고 생각합니다.

다음으로 과학윤리의 'extra-scientific'적인 문제, 즉 과학의 내부가 아니지만, 과학연구와 다른 영역과의 관계로서의 윤리적 문제가 있습니다.

첫 번째로 역시 물리학의 영역이지요. 물리학의 영역에 대한 과학인데, 이것은 원자폭탄이나 수소폭탄의 기초가 되었습니다. 이러한 것이 만들어지는 것을 어떤 식으로 규제하고 폐절할지 갈피를 잡아야 합니다.

두 번째는 화학 그리고 생물학의 문제. 이것은 독가스 연구에서 시작되었지요. 프리츠 하버(F. Haber, 1868~1934)의 독가스. 이것은 제1차 세계대전 때에 시작되었습니다. 그런 화학병기, 생물병기. 이런 문제를 어떤 식으로 규제해갈까? 또한 멈추게 하려면 어떻게 하는 것이 좋을까? 미나마타병[13]도 이런 부류에 들어가겠지요.

세 번째는 의학의 문제. 이것은 뇌사 문제라든가, 클론 인간이라든가 하는 문제예요.

그리고 마지막으로 기술과 공학의 문제가 있다고 생각합니다.

윤리가 문제 되어야 한다고 생각합니다. 최근의 내진구조 말이지요. 이것은 부실시공으로 인해 안정성이 없는 것을 아무 말 없이 팔아버린 것입니다. 이것은 기술설계의 윤리 문제이지요. 그리고 첨단기술의 여러 가지 정보 문제도 여기에 들어간다고 생각합니다. 생명윤리나 정보윤리의 문제는 이번 도덕과학연구센터의『윤리 도덕의 백서(倫理道德の白書)』(2006)에서 다루어주고 있어서 정말로 좋은 일이 아닌가 생각해봅니다. 저는 좀 더 그것을 넓게, 일반적으로 과학 자체의 윤리를 문제 삼고 싶을 뿐입니다.

---

13) 水俣病. 1953년경, 일본 구마모토현(熊本県)의 미나마타만(水俣湾) 주변에서 발생한 메틸수은 중독에 의한 만성 신경계 질환.

머튼을 넘어서

마지막으로 그런 식으로 과학의 이미지(image)는 몹시 변해버렸습니다. 변할 수밖에 없었던 상황이라는 것이지요. 이것은 과학자 자신의 머릿속에서 아직 충분히 자각되어 있지 않고, 또한 시민도 아직 충분히 그 점의 이미지 전환이 이루어지고 있지 않습니다. 그러니까 이 문제를 21세기의 과제로써 우리가 해결해야 합니다.

그러면 지금까지 과학은 어떻게 형상화되어왔는가라는 것으로 매듭을 지어보면, 1947년에 유명한 미국의 사회학자 로버트 머튼(R. Merton, 1910~2003)이 『사회윤리와 사회구조(社会理論と社会構造)』(*Social Theory and Social structure*)라는 책에서 "과학이란 이런 것입니다."라는 기준을 내놓았지요. 그것은 차츰 이론화되었습니다. 지금은 오히려 너무 이론화되어 있다고도 생각됩니다. 그러나 그 당시까지 확실히 과학이라는 것은 그런 이미지를 갖고 있었다고 생각합니다. 그것을 소개하겠습니다. 지금까지 과학관의 대표로서 말입니다.

로버트 머튼이 예로 들고 있는 과학의 네 가지 성격이라는 것이 있습니다. 그것은 'CUDOS'라고 간단히 정리되고 있습니다. 이 'CUDOS'는 머리글자를 적은 것입니다. 'C'는 무엇일까? 'Communality'입니다. 이것은 '공유성(公有性)'이라고 번역됩니다. 즉, 과학적 지식은 사적(私的)인 것, 곧 'private'가 아니라, 모두가 분담하고 있는 공유의 무엇이라는 것입니다. 그런 이미지입니다. 머튼이 이것을 내놓은 것은 무리도 아니라고 생각합니다만, 지금은 문제가 됩니다. 비판은 나중으로 미루죠.

다음으로 'U'란 무엇일까요?

'U'는 'Universality', 이것은 일본어로 '보편성(普遍性)'이라고 번역됩니다. 즉, 보편, 곧 모두에게 통하는 진리를 내놓고 있는 것입니다. 이런 것이지요. 그리고 세 번째의 'D', 이것은 'Disinterested', 명사로는 'Disinterestedness'가 되지요. 뭐라고 번역할까요. 이것은 '무사성(無私性)'입니다. 과학에는 사심(私心)이 없어서 무사(無私)하다고 한다면 객관적이라는 것입니다. 네 번째의 'OS'는 'Organized Skepticism', '잘 조직화된 회의주의', 즉 과학적 성과에 대해 서로 조직적으로 의문을 갖고 체크해가는 것이 있습니다. 그러니까 과학은 괜찮다는 생각. 이 네 가지라는 것이지요. 이것은 잘 알 수 있고, 확실히 그때까지의 과학은 이런 이미지였을 것이라고 생각합니다. 하지만 이 20세기 후반 이후로는 지금 말한 것처럼 몹시 변해왔습니다.

우선 이 'Communality'라는 것이 정말로 과학에서 실천되고 있느냐는 것입니다. 예를 들어 연구발표에서 막상 그 내용을 전부 말해버리면 다른 사람이 그것을 가져가 버리고, 결국 그 아이디어가 도용됩니다. 선수(先手)를 빼앗겨버리는 것이죠. 그러니까 전부 말하지 않게 됩니다. 가장 핵심적인 것은 학회에서도 말하지 않아요. 그래서 스스로 끝까지 연구해두고, 나중에 자기의 연구에 지장이 없는 부분만 발표해두게 됩니다. 이런 일이 있다는 겁니다. 그러면 그것은 이미 'Communality'가 아니지 않습니까?

그러니까 이 'C'는 말이지요. 'Conceal(숨기다)', 'Concealment(숨김)'의 'C'가 아니지 않은가요. 이렇게 저는 감히 비꼬아 말하는 것입니다. 지금 'Communality'라는 것을 그대로 믿으면 안 됩니다. 논문은 한꺼번에 내놓아버리면 안 돼요. 3편 정도로 나눠서 조금씩 내놓아야 합니다. 전부 한꺼번에 내놓으면 어딘가에 빼앗겨버리니까 3분의 1 정도로 나눠서 발표하는 거예요. 가장 나중에 제일 핵심적인 것을 다음 단계에 알게 되고 나서 내놓는다든가, 그렇게 되어오고 있는 것이지요. 그러니까 이 연구의 치열한 경쟁이 어떤 폐해를 과학에 입히고 있지 않은가 싶습니다.

다음으로 'Universality'는 어떤가요. 과학이 보편적 진리를 추구하고 있지 않으냐고 생각할는지 모르지만, 그것은 동료들끼리의 'referee(심판)'로부터 판정되는 '보편성'이지요. 동료들끼리의 'referee'로 'peer review(동료 평가)'를 통해 그 사람들이 공유하고 있는 패러다임에 들어맞으면 그 논문은 통용됩니다. 하지만 그 패러다임에서 벗어나면, 그것은 쓸모없는 논문으로서 'reject(거부)' 당합니다. 그런 일이 일어나고 있는 것입니다. 그러니까 이 '보편성'도 무제한 믿으면 안 되는 것이지요. "'Universality'라는 것이 실제로 무엇인가, 어떤 패러다임 위에서 '따라 하기식'의 'uniformity(균일성)'가 아니지 않은가?"라고 비꼬아 말하고 싶어집니다.

다음으로 'Disinterestedness', 즉 무사성입니다. 과학은 사심이 없는 것이라고 합니다. 자기의 이익 따위는 생각하지 않는다는 것이죠. 천만의 말씀입니다. 이미 지금 과학자는 몹시 사리(私利)에 집착합니다. 집착하기 때문에 그렇게 남을 따돌리고 연구를 하는 거예요. 그런 일을 아무렇지도 않게 하지요. 그런 일이 현재 생리학이나 분자생물학 분야에서 상당히 성행하고 있습니다.

앞서 언급한 『노벨상의 결투』란 책은 니콜라스 웨이드란 과학 저널리스트가 썼는데, 대단하지요. 자기의 이익에 대한 상술 말입니다. 그러니까 저는 무사성은커녕 그것은 'Disinterested'가 아니라

'Deep interested'의 'D'라고 간주합니다. 깊이 이익에 집착하고 있어요. 아니, 거기서 그치지 않고 'Disgraceful(수치스러운)'의 'D'라고 비꼬아 말하는 것입니다. 이것은 모두 저의 비꼼이기 때문에 문자 그대로 받아들이지 않아도 좋습니다.

그리고 'Organized Skepticism', 서로 비판하고 있다는 말입니다. 과학에서 말하고 있는 것이 사실인가를 언제나 의심하고 있기 때문에 괜찮다는 이야기입니다. 그런 것은 이제 신용할 수 없습니다. 왜냐하면 그런 조직적인 'Skepticism'이라는 것이 있으면, 반드시 어떤 사실을 다시 살펴보죠. 그러니까 나쁜 실험, 속이는 결과를 내놓으면 추시해서 괜찮다, 이 객관성은 지킬 수 있다, 과학적 진리는 안전하다고 말합니다.

그러나 실제로는 나중에 한 번 더 확인하고 따져 묻는 사람이 없습니다. 왜냐하면 실험을 다시 확인해도 자기의 업적은 되지 않기 때문이지요. 그리고 실험에는 상수(上手)와 하수(下手)가 있기 때문에, 만약 상수인 사람이 그 결과를 내놓았다고 하지만 나의 의견은 나오지 않습니다. 나는 하수이기 때문에 절대 나오지는 않는다고 오해하게 돼요. 게다가 해 본들 어떤 업적도 되지 않기 때문에 다른 일을 하겠지요. 그러니까 실험을 다시 확인해야 하는데, 대부분 하지 않고 있어요.

실험을 다시 확인하는 것 때문에 '데이터 조작' 같은 일이 없어졌다는 말은 별로 들어본 적이 없지요. 오히려 이런 일이 폭로되는 것은 공동 연구자의 내부고발이지요. "나는 같이 연구하고 있었는데, 그런 결과가 나온 것은 본 적이 없어."라고 말하는 것입니다. 즉, 자기가 공동 연구자로 이름을 걸어놓으면 자기가 구제불능 상태가 된다고 생각하며 상사에게 알리는 것입니다. 의심스럽다고요. 대체로 모두가 그렇지요.

그러나 내부고발은 최근까지 어려웠어요. 내부 고발을 하면 동료들 사이에서 따돌림당하는 일도 있었지요. 그 유명한 '볼티모어 사건[14]'에서도 상사에게 묵살당했어요. 하지만 현재는 그런 일이 없어졌다고 생각합니다. 이 'Organized Skepticism'이라는 것은 조금 다른 말로 하면, 이것도 저의 비꼼입니다만, 'Authoritarian Subordination'의 'OS'가 됩니다. 즉 'Authority(권위)'를 가진 교수가 무엇인가 말하면 모두가 그것을 따르기 때문에 '조직적 회의(懷疑)', 곧 서로 평등한 입장에서 토론하며 이러쿵저러쿵하는 것이 이루어지고 있는가 의심스럽죠. 상당히 말입니다. 그래서 새롭게 과학기술의 검증과 논의라는 것이 필요하게 되는 것입니다.

이상과 같이 조금 심하게 수치스러운 것을 지나치게 말한 것 같습니다만, 적어도 머튼이 말하는 과학의 'CUDOS' 기준이라는 것이 그대로는 통용될 수 없기 때문에, 'modify(수정)'되어야 할 필요가 있다는 것만은 확실하다고 생각합니다. 새로운 과학기술 연구의 성격 부여와 규칙 만들기가 요구되는 것입니다. 이것은 이미 과학자만으로는 헛된 일이에요. 과학자와 우리 시민이, 다른 지식인과 일반인이 공동으로 해야 합니다. 과학연구비는 전부 세금에 의해 조달되고 있기 때문에, 당연히 우리도 발언할 권리를 지니고 있는 것입니다. 이처럼 모두가 하나 되어 과학의 나아갈 길, 원래 과학은 무엇을 위해 있는 것인가, 과학은 어떤 방향으로 나아가고자 하는가—그런 근본적인 물음까지 포함하여, 이 지구와 인류의 장래를 위해 이제야말로 '과학의 윤리학'을 만들기 시작해야 한다고 생각합니다.

---

14)   Baltimore Case, 1975년 미국에서 일어난 과학 부정사건.

제2장

창발자기조직계로서의 자연

도입

　우선 오늘은 무엇을 이야기하고 싶은가, 즉 제 이야기의 목적이지요, 이것을 먼저 시작해보려 합니다. 오늘 강의의 목적은 17세기 이후 계속되어 오고 있고 본질적으로는 그 영향 아래 현재의 세계관이 만들어진 데카르트의 '기계론적 자연관'―여러분이 이것을 늘 인식하고 있다고는 할 수 없다고 생각합니다만, 그것은 현대의 과학 연구자들의 전제로서 불식되고 있지 않습니다―'과학혁명'의 결과로서 만들어진 '기계론적 자연관'이라는 것이 이제야말로 바뀌어야 하겠습니다.

　'기계론적 자연관'이라는 것은 이미 실질적으로는 파괴되고 있습니다만, 그런 것이 일반인에게는 자각되지 않고 있지요. 데카르트의 자연관에 대한 비판이란 것이 있어도, 그것을 대신하는 것이 아직 명확히 제기되고 있지 않아요. 오늘 이야기는 '창발자기조직계로서의 자연(創発自己組織系としての自然)'이라는 것으로 이것을 제기해보고 싶습니다. 무엇보다도 두 시간이라는 짧은 시간에 이야기할 것이기 때문에, 다소 요약적 성격이 있긴 하겠지만, 구체적인 예에 따라 '우주의 형성'과 '생명의 탄생'이라는 두 가지 측면을 다루어 새로운 자연관을 논해보고 싶습니다. 이것이 오늘 이야기의 목적이에요.

　우선 데카르트의 자연관이 무엇인가를 설명해둡시다. 이것은 여러분이 철학사에서 이미 배웠을지 모르겠지만, 데카르트의 '기계론적 세계상'은 한마디로 말하자면 자연을 기계로 보는 것입니다. 즉, 자연으로부터 생명이라든가, 의식이라든가, 질(質)이라든가 여러 가지 것을 모두 다뤄 단순한 '기하학적 연장'이라고 생각하는 것이지요. 색도 냄새도 없는 단순한 기하학적 연장이지요. 그것을 따로따로 잘라 나누면 분자(分子)가 됩니다만, 그런 것의 댄스로써 이 세계를 기술해갑니다. 기계와 비유하며 기계로서 세계를 봅니다. 거기에 심어져 있는 나무도, 어떠한 것도 기계라고 말해요. 우리의 몸도 기계라고 그는 말하고 있는 것입니다. 단 인간은 "나는 생각한다."라는 것이 있기 때문에 그 부분에서 다른 물체와 다르다고 합니다. "나는 생각한다. 고로 존재한다."이지요. 다른 부분은 모두 기계라는 것입니다.

그런데 오늘 제가 조금 새로운 논점을 강조하고 싶은 게 있어요. 기계론이 한 것은 그런 식으로 자연으로부터 질적인 것, 생명적인 것, 의식적인 것을 제거해서 똑같은 연장으로 환원한 것이고, '연장'은 단순한 퍼짐, 기하학적 퍼짐을 말하지요. 여기서 제가 강조하고 싶은 것은 말이지요, 데카르트의 자연학의 본질은 이런 식으로 자연으로부터 모든 능동성, 자율성을 빼앗았다는 것입니다. 이것은 철학사에서도 그다지 확실히 지적하고 있지 않은 부분입니다. 자연으로부터 스스로의 능동성, 자율성을 모두 제거해버렸어요. 그러니까 인간의 수학적 설계에 따른 기계적 조작에 의해 모두 해결된다고 오해한 것입니다. 자연 자신의 능동성, 자율성, 자기형성성, 그런 것들을 빼앗거버렸어요.

그래서 오늘 여기서 제기하려는 새로운 자연관은 그것에 대항하는 것입니다. 앞으로는 그렇게 생각해야 한다고 여겨지는 것입니다. 즉 여기서 새롭게 제기하려는 자연관은 자연의 자기형성성을 인정하고 자기조직성을 인정하는 것입니다. 그것은 자연은 자기를 스스로 새롭게 만들어가고, 스스로 자기를 형성해가는 창발 시스템으로 보는 거죠. 이 '창발'이라는 것은 영어로 말하면 'emergence'입니다. 지금까지 기초에 있는 것을 토대로 하면서도 거듭 환경과의 상호작용을 통해 새로운 질(質)의 물체가 완성되어오는 것, 그것이 창발이라는 것입니다. 자연이란 이런 '창발자기조직계(the emergent system of self-organization)'임을 말하는 것입니다.

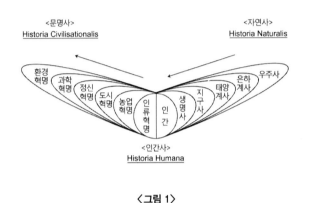

〈그림 1〉

그래서 다음으로 창발의 형성사(形成史), 생성사(生成史)를 한번 훑어보아 두고 싶은데요. 우선 위의 〈그림 1〉을 봐주시면 좋겠습니다. 이것은 창발의 생성사로서, 여기에는 자연사와 문명사가 있습니다.

먼저 우측에 '자연사(自然史)'가 있습니다. 'Historia Naturalis'. 우주가 처음으로 형성되고, 그 우주 속에 은하계가 만들어지고, 그 은하계 속에 태양계가 만들어지고, 다시 그 속에 지구가 생겨나고, 그리고 그 속에 사람, 즉 생물학적 의미의 사람, 곧 호모 사피엔스(Homo sapiens)가 출현합니다. 이들은 전부 환경 조건과의 상호작용에 의한 창발이었다고 생각되지요. 새로운 물체가 그런 식으로 나오는 겁니다.

그리고 왼쪽으로 가면 '문명사(文明史)'가 쓰여 있습니다. 'Historia Civilisationalis'. 이것은 인간이 생겨난 것으로, 인간이 더해지기 때문에 그 이전의 창발과는 조금 다르지요. 창발이라고 해도 인간이 더해지는 창발인데, 먼저 '인류혁명'입니다. 여기서 인간이 생겨나고 이를 기반으로 농업이 창발합니다. 새롭게 이 속에서 만들어져가는 '농업혁명'이 일어나고, 그 농업이 발전한 후에 그 속의 몇 개 장소에 도시가 성립합니다. 이것이 '도시혁명'이지요.

그리고 도시혁명이 성립하고 발전해가는 가운데 '정신혁명'이 성립합니다. 즉, 석가, 예수, 공자, 소크라테스 같은 인물들의 정신혁명이 나타나는 것입니다. 그런 정신혁명이 일어난 후 17세기에 조금 전 말한 '과학혁명'이라는 것이 출현합니다. 그리스의 정신혁명 유산을 계승하면서도, 그것을 넘어 다시 새로운 질의 과학이 서구에 출현해 오는 것입니다. 그리고 현재에는 그것을 넘어 새로운 '환경혁명'이라는 새로운 질의 문명으로 우리는 향해야 하게 되었습니다. 그러면 여러 가지 것이 변해가야 합니다만, 자연관도 거기서 크게 변해야 한다는 말이겠지요.

그러니까 그런 창발의 형성사라는 점에서는 하나로 이어져 있는데, 그사이에 '인간사'가 있습니다. 이것에는 원인(猿人)으로부터 신인(新人)에 이르기까지의 역사가 있습니다. 이 인간사가 자연사와 문명사의 양쪽을 연결하는 것입니다. 같은 창발이라고 해도 오른쪽과 왼쪽은 다릅니다. 왼쪽은 인간이 들어오는 창발인데, 오른쪽은 그렇지 않아요. 자연 그 자체의 창발입니다.

오늘 전부 다 다룰 수는 없어요. 지금까지 저는 주로 문명사의 다섯 번의 혁명에 대해 설명해 왔기 때문에, 오늘은 오른쪽의 우주사를 설명해보겠습니다. 물론 이것도 전부 다룰 수는 없어요. 전부 다룰 수는 없지만, 우주사의 시작과 생명사의 시작의 두 가지를 예로 들어 거기에 초점을 맞추고 고찰함으로써, 기계론적 자연관으로부터 창발 자기조직계의 자연관으로 변환하는 실마리를 이해하는 것이 오늘 이야기의 목표입니다.

그러나 현대의 우주론이나 생명론을 잘 보면 그 전환이 이미 이루어지고 있다고 저는 생각합니다. 단 개개의 자연과학 기술에서는 그런 것이 전해지지 않고 있으며, 알아채지 못하고 있어요. 왜냐하면 자연과학자들이 개별적으로 연구하고 있기 때문이지요. 그런 새로운 것이 있었다, 이런 새로운 것이 생겨났다고, 그런 개개의 현상에만 흥미를 갖기 때문에, 그 전체의 자연상이 어떻게 바뀌어왔는가 하는 것에는 별로 주목하지 않지요.

예를 들어 스튜어트 카프만(S. Kauffman)의 『자기조직화와 진화의 논리(自己組織化と進化の論理)』(*At Home in the Universe: The Search for Laws of Self-Organization and Complexity*)라는 책이 1995년에 나왔어요. 그 이후에 리 스몰린(L. Smolin)의 『우주는 스스로 진화했다(宇宙は自ら進化した)』(*The Life of the Cosmos*)라는 책이 1997년에 나왔죠. 또 타치키 노리오(立木教夫) 씨가 번역한 존 그리빈(J. Gribbin)의 『우주진화론(宇宙進化論)』(*In the Beginning: The Birth of the Living Universe*)이 1993년에 출판되었어요. 이런 책들은 모두 그런 새로운 방향에 맞추어가고 있는 것이지요. 하지만 지금 말한 것과 같은 자연관의 근본적인 변혁이라는 것에 빛을 비추고 있지는 않습니다. 모두가 다 개별적으로 과학의 새로운 국면에 시각을 빼앗기고 있기 때문이지요. 그렇다고 해도 방향으로서는 이미 이쪽으로 향하고 있다는 것은 이 책들을 읽으면 명백해집니다. 이것은 저의 일방적인 견해가 아니라고 생각합니다.

우주의 탄생과 형성

　다음으로 우주의 탄생과 형성은 어떻게 되어 있는가. 요점만 설명하겠습니다. 이야기를 어디부터 시작할까요?

　이야기를 우선 1929년부터 시작하면 어떨지요? 1929년에 미국의 천문학자 에드윈 허블(E. Hubble, 1889~1953)이 '우주의 팽창(cosmic expansion)'이라는 것을 발견했습니다. 그는 은하(銀河, galaxy)를 관측하고 있었는데, 계속 은하가 멀리 떨어져 가는 것이었어요. '적색편이(赤色偏移, redshift)'라는, 즉 그 웅장한 장면이 빨간 쪽으로 치우쳐 가고 있다는 것을 발견한 것입니다. 여기서 '도플러 효과'[15]라는 것을 설명하지 않으면 안 되겠습니다만, 이것을 건너뛰고, 나아가 우주가 팽창해나가는 속도가 그 은하까지의 거리에 비례한다는 것을 알게 되었습니다. 즉, 거리가 먼 은하일수록 빨리 멀어져 간다는 것이지요. V(속도)=H₀R(거리). H₀를 허블정수라고 하는데, 그런 것을 발견했어요. 간단히 말하면 '우주의 팽창'이 문제의 시작이라고 해도 괜찮겠지요.

　그 이전 1922년에 러시아 과학자 알렉산드르 프리드만(A. Friedmann, 1888~1925)은 알베르트 아인슈타인(A. Einstein, 1879~1955)이 1915

---

15)　Doppler effect, 파(波)의 발생원이 관측자의 상대적 위치에 따라 그 파의 주파수가 다르게 관측되는 현상. 예를 들어 구급차가 지나갈 때 그 차와 가까운 곳에 있으면 소리가 크게 들리고 먼 곳에 있으면 작게 들리는 현상.

년에 내놓은 일반상대성원리의 우주방정식을 풀고, 거기서 우주의 팽창이라는 것이 나오는 것을 증명하고 있었습니다. 하지만 아인슈타인은 그것을 믿지 않았어요. 아인슈타인은 우주가 팽창하고 있다는 것, 그런 것은 없으므로, 우주항(宇宙項, cosmological constant)이라는 팽창에 대항하는 힘의 항을 넣어 역시 우주는 정지하고 있다고 생각했지요. 이것은 아인슈타인 자신이 범한 실수라고 후회했다고 하는데요. 그것을 풀어보면 프리드만이 말한 것처럼 팽창한다는 것이 이론적으로 나와요. 그러니까 허블이 그것을 실증했다고 해도 좋겠지요.

그다음으로 1947년이라는 해를 생각해봅시다. 조지 가모프(G. Gamow, 1904~968)라는 미국에 귀화한 러시아 과학자가 '빅뱅설(Big Bang theory, 대폭발 이론)'을 제창합니다. 이것이 무엇인가 하면요. 허블의 발견으로 우주가 계속 팽창해가는 것을 알게 되었죠. 즉 다양한 천체가 차츰 떨어지는 것을 알게 되었어요. 그럼 그것을 역으로 되돌아가 보면, 과거에는 우주가 한 점에 집중하고 있었다는 말이 됩니다. 그리고 최초에는 굉장한 초고온으로, 초고밀도의 가모프가 '아일럼(Ylem, 원시물질)'이라고 부른 것이 됩니다. 이 아일럼이 '뱅(Bang)' 하고 폭발하고, 우주의 팽창이 일어났다는 것을 뜻하는 것이지요.

우주의 팽창은 이론적 가설로서 '빅뱅(Big Bang)'이라고 불렀습니다. 빅뱅이란 말의 '뱅'은 큰 소리를 나타내는 것입니다. 크게 '뱅'이란 소리를 내고 폭발한 것이기 때문에, 이것은 별명 같은 것이지요. 이것은 가모프의 이론을 비꼬아 다른 사람이 이름을 지은 것입니다만, 지금은 경제 현상에서도 빅뱅이라는 말을 쓰게 되었습니다.

여기서 중요한 것은 우주는 팽창하고 있다는 것입니다. 그런데 팽창한 우주의 온도는 점점 내려갑니다. 온도가 내려가 만약 이것이 실제로 성립되면 말이지요. 5K에서 7K, 이것은 절대온도이기 때문에 굉장히 낮은 것인데, 절대온도는 0°C가 273K이지요. 그러니까 이것은 굉장히 낮은 온도입니다. 5K에서 7K의 배경복사(背景輻射, background radiation)가 있을 것이라고 가모프가 예언한 것입니다. 즉 우주의 타고 남은 재, 계속 온도가 내려간 재의 끝으로부터 약한 전파가 다가오고 있을 것이라고 예언한 것입니다. 조금 더 나중인 1956년에 그런 예언을 했어요.

그랬더니 9년째인 1965년, 이것은 '세 번째 사건'이라고 말해도 좋다고 생각합니다. 1965년에 로버트 윌슨(R. Wilson)과 아노 펜지어스(A. Penzias)라는 두 사람이 있었는데, 그들은 미국의 벨 연구소 전파연구 기사들이었어요. 그들은 고성능 파라볼라 안테나[16]를 돌리고 있었지요, 우주로부터 전파를 탐색하고 있었다는 것이지요. 특별히 이 빅뱅설을 검증하려 한 것이 아니에요. 그들은 빅뱅설을 전혀 모르는 기사였지요. 단지 위성방송을 송신할 때 잡음을 제거하지 않으면 안 되는데, 잡음이 들어가지 않도록 잡음이 있는가, 없는가를 조사하고 있었을 뿐이지요. 그러나 여러 잡음을 잡고 있어도, 도저히 잡음이 없어지기는커녕 우주의 모든 방향으로부터 약한 전파가 한결같이 다가오는 거예요. 아무리 해도 그것을 제거하는 것이 불가능했어요. 그것이 절대온도 3K의 '배경복사'의 발견이었던 것이지요.

그러나 그들은 이것이 무엇인지 몰랐습니다. 그래서 벨 연구소 근처 프린스턴 대학에 가서 "이게 무엇입니까?"라고 물어보았죠. 거기에는 로버트 디케(R. Dicke, 1916~1997)라는 물리학자가 마침 빅뱅 이론을 연구하고 있었어요. "앗! 그것은 배경복사입니다." 가모프가 예언했던 배경복사다, 그것을 당신들이 관측해낸 것이다, 이렇게 말했지

---

16)   parabolic antenna, 접시 모양의 안테나.

요. 그리고 깜짝 놀라 "그러면 없어질 리가 없다, 그것은 우주의 타고 남은 재로부터 다가온 것이다."라고 했어요. 그래서 1978년에 이 두 사람은 노벨상을 받습니다. 3K의 '배경복사 발견'으로 노벨상을 받는 것입니다. 그들은 전혀 빅뱅설을 알지 못했습니다만, 그것을 검증했다는 이유로 받게 된 것이지요. 디케에게 상을 주었어도 좋았지 않으냐고 말할 수 있겠지만, 그는 계산을 했을 뿐이고, 그의 계산은 배경복사의 온도는 3K가 아니라 10K라는 것이었어요. 그것은 조금 벗어난 거였고, 실험 관측한 것은 아니었던 것이죠.

그러면 네 번째로 들어가겠습니다. 빅뱅설은 이렇게 실증되었습니다. 그 이전에는 '정상우주론(定常宇宙論, steady state cosmology)'이라는, 온통 우주는 늘 정상적으로 변하지 않는다는 설도 있었습니다. 그러나 이 대항이론이 틀렸다고 증명되어, 그것을 대신하여 빅뱅설이 정설로 받아들여졌습니다.

그리고 1977년에는 스티븐 와인버그(S. Weinberg)라는 미국의 물리학자—그는 다른 업적의 '전약통일이론'[17]으로 노벨상을 받습니다—인데, 빅뱅의 표준이론을 제출한 것입니다. 그것이 『우주창성 시작의 3분간(宇宙創成はじめの三分間)』(1995)이라는 책이지요. 이 책은 다이아몬드사(ダイヤモンド社)에서 나왔고, 오비 신야(小尾信彌, 1925~2014) 교수님이 번역했습니다. 즉 우주의 빅뱅이 시작되고 나서 몇 초 후에 어떻게 되고, 어떻게 되어 이런 우주가 생겼느냐는 'standard theory(표준이론)'를 내놓았지요. 그 후 사람들은 모두 대체로 이것에 따라 다소 수정하며 우주의 역사를 쓰고 있지요.

---

17) 電弱統一理論, Weinberg-Salam theory. 전기 상호작용과 약한 상호작용을 하나의 상호작용으로 통일시켜 기술한 이론.

다섯 번째로 1989년의 'COBE'에 의한 '배경복사'의 관측 사실을 알아봅시다. 지상에서 이 관측을 하면 여러 가지 물체가 방해되기 때문에, 위성을 날려 방해 없는 곳에서 'background radiation(배경복사)'을 조사하려 한 것으로서, 'COBE'라는 관측용 위성을 날렸습니다. 이것이 빅뱅 사실을 확인한 것이지만, 동시에 놀랄 만한 발견을 했지요. 즉, 빅뱅으로 우주가 팽창해가는데, 그 팽창해갈 때의 에너지나 물질의 분포가 한결같지 않고, 거기에 다소 '흔들림'이 있다는 것을 발견했습니다. 정말 작은 흔들림이 있다는 것을 알았습니다. 이 '흔들림'이 중요하고, 다음 창발의 원천이 됩니다. 즉, 은하의 형성은 이 흔들림 없이 모두 한결같으면 일어나지 않습니다. 밀도가 많은 곳과 적은 곳이 흔들리고 있어요. 많은 곳은 점점 굳어져 가서 은하가 생겨나는 것이지요. 그러니까 여기서의 '흔들림'의 발견은 대단히 중요합니다.

그다음의 새로운 발견은 2003년의 'WMAP'라는 것, 이것도 'COBE'와 같은, 그러나 더욱 우수한 기능을 가진 우주관측 위성에 의해 거둔 것이지요. 이것은 '인플레이션(inflation, 급팽창)', 이른바 '허블 팽창' 이전의 굉장한 속도의 팽창으로서, 그런 까닭에 '인플레이션'이라고 불리는 설—이것은 사토우 카츠히코(佐藤勝彦)라는 일본의 물리학자와 앨런 구스(A. Guth)라는 미국의 학자가 내놓은 설인데요—이 간접적으로 실증되었다는 것과, 이것에 의해 '허블 정수'가 결정되어 우주의 연령이 보다 정확히 측정된 것입니다. 그때까지는 150억 년 또는 200억 년 등 여러 가지로 전해지고 있었습니다. 138억 년으로 결정된 것이 대단하지요.

더욱 놀랄 만한 발견은 성운(星雲)이라든가, 항성(恒星)이라든가 하는 여러 가지 비추는 것을 대상으로 천문학을 해온 것이지요. 또는 X선을 내는 것을 연구하는 X선 천문학이라는 것이 있지요. 그러나 빛을 내지 않으면 X선도 내지 않아요. 어떤 것도 방사(放射)하지 않는 '다크 매터(dark matter)'라는 '암흑 물질'이 있어서 빛을 내며, 통상 천문학이 문제로 다루는 부분은 단지 4%라고 합니다. 지금까지의 천문학이 밝혀온 것이 단지 4%라면 싫증 나게 되지요.

'다크 매터'가 아직 무엇인지 모릅니다. 그러니까 '다크'라는 것입니다만, 이것이 이제 와서 무엇인가를 한창 알리려 하고 있어요. 이것이 23%, 더욱 놀랄 만한 것은 나머지 73%는 '다크 에너지(dark energy)', '암흑 에너지'로서, 이것은 더욱 모르는 부분으로서 엄청난 것이 되어 있지요. 그러니까 지금의 우주론, 모르는 것이 그렇게 많게 되어버렸습니다. 하지만 다크 매터가 있는 것은 사실이라는 것입니다. 중력을 미치고 있기 때문이지요. 그래서 은하가 저런 형태로 굳어져 있는 것이고, 다크 매터가 없다면 뿔뿔이 흩어져버릴 것입니다. 그러니까 어떤 것은 확실하고 어떤 것은 무엇인지 모르는, 이런 상태라는 것입니다.

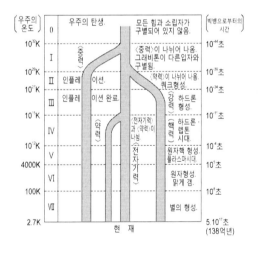

〈그림 2-대칭성의 자발적 깨짐과 우주의 형성〉
우주가 시간이 지남에 따라 온도가 내려가고, 그 결과 대칭성이 자발적으로 깨져 다양한 힘이 분화하고 협동하며 우주를 형성합니다.

그럼 이야기를 되돌려서 '창발자기조직성'의 문제에 들어가려고 합니다. 그러기 위해 <그림 2>를 봐주셨으면 합니다. 이것은 빅뱅 이후 우주의 온도가 점점 내려가는 것에 따라 우주의 네 개의 힘(중력, 전자기력, 강력, 약력)이 어떻게 나뉘어서 갈라져 오는가를 나타내고 있습니다. 이것은 동시에 우주 형성의 과정을 가리키고 있다고 저는 생각합니다.

처음엔 정말로 하나이던 힘이 거기로부터 중력(重力)이 분화해왔습니다. 하지만 그 이외의 것이 하나로 합쳐지고 있습니다. 그다음에 강력(强力)이라는 것이 분리해 왔어요. 그리고 나서 다시 전자기력(電磁氣力)과 약력(弱力)이 분리해 오늘에 이르고 있습니다.

그러니까 지금 우주에는 이 네 가지의 기본적인 힘이 있고, 이것이 우주의 삼라만상(森羅萬象)을 만들어내고 있어요. 빅뱅으로부터 어느 정도의 시간이 지나고, 온도가 어느 정도로 내려가며, 그렇게 환경조건이 변화해왔다고 하면, 혼자서 스스로—이것이 중요하지요—'대칭성'이 깨지는 것입니다. 이것을 'spontaneous breakdown of symmetry'라고 합니다. 즉, '대칭성의 자발적 깨짐'. 온도가 내려가는 환경조건에 따라 대칭성이 자발적으로 깨지는 것입니다. 누군가가 깨는 것이 아니라는 것입니다. 자발적으로 깨지고, 먼저 중력과 그렇지 않은 힘이 나뉘고, 그리고 나서 다시 강력과 중력이, 마지막으로 약력과 전자기력이 나뉘었다는 말이 되지요.

이어서 중력의 본성은 뉴턴과 아인슈타인이 밝혔지요. 전자기력은 마이클 패러데이(M. Faraday, 1791~1867)와 제임스 맥스웰(J. Maxwell, 1831~1879)이 밝혔어요. 약한 상호작용은 엔리코 페르미(E. Fermi, 1901 ~1954)가 밝히고, 강한 상호작용은 유카와 히데키(湯川秀樹, 1907~1981)가 밝힌 것이지요. 그러니까 이 네 가지 우주의 근본적 힘 가운데 한 개의 해명은 일본의 물리학자가 한 것입니다. 이것은 유카와 교수님의 위대한 업적입니다.

여기서 제가 말하고 싶은 것은 '대칭성의 자발적 깨짐'이라는 것입니다. 이것에 의해 우주적 힘이 나뉘어 나오며, 그것이 우주 형성의 단계가 되는 '페이즈(phase, 단계)'를 만들고 있다는 것입니다. 우선 가장 처음 중력이 나누어지기 이전의 부분, 이것을 페이즈 0으로 하겠습니다. 페이즈 0이라고 두고, 이것은 '양자적 흔들림'이라고 하고, 이 에너지가 물질이 되어보거나, 그것은 다시 물질이 에너지가 되어보거나 해서 흔들리고 있는 것입니다. 모든 소립자가 나뉘어 있지 않고, 아직 힘도 나뉘어 갈라지고 있지 않습니다. 이 부분을 연구한 이론은 아직 나오지 않고 있습니다. 아마 '초현이론(超弦理論, superstring theory)', 이것이 되겠습니다만, 아직 완성되지 않았습니다.

다음 단계가 페이즈 I로서 이 단계에서 팽창이 시작되고, 중력이 나뉘어 나오고 '그래비톤(graviton, 중력자)'이라는 입자가 반드시 만들어지는 것입니다. 하지만 아직 그래비톤이 잡히지 않고 있습니다. 하지만 있을 것입니다. 그것이 중력을 매개하지요. 이 그래비톤이 왔다 갔다 하는 것에 의해 물질입자 사이에 중력이 작용하는 것으로, 그것을 하는 매개입자인데, 그런 것이 생긴다는 것입니다.

그리고 그다음 페이즈 II는 앞에서 설명한 '인플레이션'이 일어나는 단계이지요. 여기서 '쿼크(quark)'가 생깁니다. 소립자를 만들고 있는 기본 입자로서의 쿼크이지요. 이 쿼크가 생기기 위해서는 어떤 것이 일어나야 할까요? CP 대칭성이 깨지지 않으면 안 돼요. 이 C는 'Charge(충전)'의 C로서 전하[18]를 가리키며, P는 'Parity(반전성)'라는

---

18) 電荷, electric charge. 전기현상의 근원이 되는 실체.

것이에요. 요컨대 전하의 변환과 패리티의 변환을 동시에 하는 것이 CP의 변환입니다. 이것에 의해 물질(物質)과 반물질(反物質)의 대칭성이 자발적으로 깨지는 현상이 나타납니다. '물질'과 '반물질'이 에너지로부터 '대칭성(對稱性)'에 의해 등량(等量)이 생기는 것입니다. 이 물질과 반물질은 플러스와 마이너스와 전하만 달라요. 나중엔 모두 같은 것이 됩니다. 꼭 닮은 것이지요. 전하만 다르고, 이것이 하나로 합쳐지면 에너지가 되어 확 사라져가는 것입니다(대소감, 對消滅).

그러니까 가장 처음에 물질이 생겼을 때 등량으로서 함께 생긴 것입니다. 이것은 폴 디랙(P. Dirac, 1902~1984)의 이론으로 생겼습니다. 그런데 이 세계 어디에도 반물질은 없습니다. 반물질이 있다면 물질과 하나로 합쳐 사라집니다. 단 인공적으로는 만들어집니다. 가속기의 가운데에서 인공적으로 반양자(反陽子), 반전자(反電子), 즉 양자(陽子)를 만들고 있지요. 하지만 일상적이지 않지요.

우리는 양(陽)의 물질의 세계밖에 알지 못합니다. 왜 그럴까요? 이것은 CP 대칭성이 깨졌기 때문입니다. C 변환을 하고 P 변환을 하며, 완전히 처음으로 되돌아가면 물질과 반물질이 등량으로 되어 있어요. 하지만 여기서 대칭성이 깨지며, 조금 차이가 나게 되는 것이지요. 이 부분은 코바야시 마코토(小林誠) 씨의 『사라진 반물질(消えた反物質)』(1997)이라는 책에 잘 쓰여 있습니다. 이 책은 약간 어렵지만, 상당히 좋은 책입니다. 이 CP 대칭성이 자발적으로 깨지며 물질만의 세계가 되었습니다. 반물질이 이 세계로부터 사라졌다는 것입니다. 여기서 양(陽)의 기본입자 쿼크와 '렙톤(lepton, 경입자)'이 만들어져 나오는 것이지요(<표 1>).

〈표 1-쿼크, 렙톤과 소립자〉

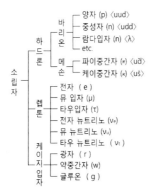

쿼크와 렙톤의 세대		
쿼크	u (up) d (down)	제1세대
	c (charm) s (strange)	제2
	t (top) b (bottom)	제3
렙톤	e (전자) ν_e (전자 뉴트리노)	제4
	μ (뮤 입자) ν_u (뮤 뉴트리노)	제5
	τ (타우 입자) ν_t (타우 뉴트리노)	제6

　다음은 그 인플레이션이 종료한 단계인 페이즈 Ⅲ으로서, 여기서 허블 팽창이 시작됩니다. 그다음 페이즈 Ⅳ에서는 전자력과 약력이 나뉘어 옵니다. 여기서 '하드론(hadron)'이 생기는 것입니다. 하드론이 도대체 무엇인가 하면, 소립자의 〈표 1〉에서 가리키는 것처럼 '바리온(baryon)'과 '메손(meson)'으로부터 이루어지는 것입니다. 바리온은 양자(陽子)나 중성자(中性子)로서 원자핵(原子核)을 만들고 있습니다. 그리고 메손은 그것을 매개해줍니다. 그것이 하드론입니다. 직역하면 바리온이 '중입자(重粒子)'이며, 하드론은 '강입자(强粒子)'라고 할까요? 이것은 원자핵을 만들고 있기 때문에, '핵자(核子)'라고도 불립니다. 렙톤은 '약입자(弱粒子)'로 번역하면 됩니다. 메손은 '중간자(中間子)'이지요. 이것들이 생기는 것입니다.

　그것들이 이루어지고, 그다음 페이즈 Ⅴ에서 원자핵이 생기는데, 다시 그것이 전자(電子)를 붙잡지 않는 '플라스마[19]상태'의 시대, 그리

---

19)　plasma, 고체, 액체, 기체 다음의 물질.

고 4,000K 정도의 부근에서, 즉 10^5초 정도 지난 시점에서 원자가 형성됩니다. 원자핵이 전자를 붙잡는 것입니다. 그때까지는 전자가 일방적으로 움직이기 때문에, 빛과 충돌하고 광자(光子)와 충돌해서 빛이 빠져나갈 수 없게 되죠. 원자핵이 전자를 붙잡아주고 거기에서 원자가 만들어지며, 처음으로 우주는 활짝 갭니다. 이것을 '우주의 맑게 갬(clear up of the Universe)'이라고 말하는 것입니다. 우주가 깨끗이 맑게 개고, 빛이 겨우 통과하게 되었다는 것입니다. 즉 우주가 보이게 됩니다.

그다음에는 100K 정도의 온도로 내려가며, 거기에서 원자가 모여 처음으로 원시성(原始星)을 만든다는 것이지요. 즉, 환경과의 관계로 인해 대칭성이 자발적으로 깨져 여러 가지 힘이 나뉘고, 그 상호작용에 의해 여러 가지 단계의 물질입자가 형성되며, 우주의 계층적 질서를 창발시켜 줍니다. 지금 환경과의 관계라는 것은 온도가 내려가는 것이라는 것입니다. 이것에 의한 대칭성의 자발적 깨짐에 의해 네 가지 힘이 분화하고, 분화할 뿐만 아니라, 그것이 나뉘어 나온 다음 협력하는 것입니다. 지금 이 네 가지의 힘이 모두 작용하고 있기 때문이지요. 분화하는 동시에 뿔뿔이 흩어지는 것이 없이 협력하며 이 세계를 만들고 있는 것입니다. 그러니까 우주 형성은 환경과의 상호작용에 의한 '자발적 상전이(相轉移, phase transition)'이지요.

요컨대 우주의 형성은 그런 '창발자기조직계의 발전'이라는 것입니다. 잠시 되돌아가 보면, 먼저 제1에 쿼크의 자기 형성. 이것은 CP 대칭성의 자발적 깨짐에 의해 생기는 것입니다. 그래서 기본입자는 처음에 그런 것에 의해 자기형성을 합니다. CP 대칭성의 깨짐이라는 것이 자발적으로 일어나는 것입니다. 이 '자발적 깨짐'이라는 개념의 형성에는 난부 요이치로우(南部陽一郎, 1921~2015)라는 일본의 물리학자가 크게 공헌했습니다. 이어서 〈그림 2〉의 네 가지 힘의 분화, '다이어그램(diagram)'도 사토우 카츠히코 씨와 사토우 후미타카(佐藤文隆) 씨가 세계에서 최초로 만들었다는 것을 알게 되고 저는 놀랐습니다. 지금은 외국의 우주론에 모두 이것이 게재되고 있어요. 매우 좋은 도표로써 표준이론을 그림으로 잘 설명하고 있어요. 저도 그것을 사용했는데, 이것을 우주 형성에 관계시켜 약간 수정해둔 것입니다.

그리고 제2의 핵자, 즉 하드론의 자기 형성입니다. 이것은 '글루온[20]'이라는 입자가 매개하고 있는데요. 이처럼 온도가 내려가고 대칭성이 자발적으로 깨지면, 이 핵자가 자기 형성됩니다. 강력이 분리한 시점에서 원자핵의 자기 형성이 이루어지는 것이지요. 이것도 '대칭성의 자발적 깨짐'으로 나오는 것입니다.

네 번째는 원자 형성, 그리고 다섯 번째에 원시성이 만들어집니다. 이런 것이 되어 우리의 우주가 생겨나옵니다. 이것은 모두 기본적으로 '대칭성의 자발적 깨짐'에 의해 생기는 것이지요. 환경 조건의 변화에 따라 대칭성이 자발적으로 깨지고, 그것에 의해 여러 가지 힘이 분리되어, 그 힘에 의해 입자가 결합되어서 말이지요, 계급적인 질서가 자발적으로 창발되는 것입니다. 이렇게 해서 우주는 형성되기 때문에, 그것은 '창발자기조직계'의 발전이라고 말해도 좋다고 생각하는 것입니다.

---

20)   gluon, 하드론의 내부에서 쿼크 간의 상호작용을 하는 전파 입자.

생명의 탄생과 진화

　다음은 생명의 문제로 들어가 봅시다. 조금 전에 이야기한 것처럼 우주는 138억 년의 연령을 가지고 있는데, 지구는 46억 년입니다. 생명의 역사는 38억 년. 요컨대 지구의 온도가 떨어져 굳어지기 시작하면, 주위를 둘러싼 대기의 수증기가 비가 되고 지구상에 바다가 생깁니다. 현재 지표(地表)의 약 70%는 바다이지요. 물이 생기는 것이 생명의 탄생에 있어 제일의 일이라고 생각하지요. 물이 생기지 않으면 생명이 없는 것입니다. 지구의 위에 물이 생겼다는 것, 이것은 결정적인 것이지요. 지표의 70%가 풍부한 물의 혜택을 받고 있습니다. 거의 기적이라고 말해야 합니다.

　화성(火星)에도 예전에는 물이 있었던 것 같지만, 지하에 잠겨버렸어요. 지금 그것을 탐색하려 하고 있습니다. 금성(金星)에는 전혀 물이 없습니다. 이 지구가 물의 혜택을 받는 것은 혹성(惑星)과 태양과의 거리에 의해 태양 에너지의 섭취량이 적당하기 때문입니다.

　물의 혹성 위에 생명이 탄생하는 것인데요. 그전에 생명이 도대체 무엇인가 하는 것을 확실히 해두어야 합니다. 생명에는 네 가지의 특성이 있다고 생각합니다. 자연이 발전해왔다고 할 때, 다음 네 가지의 특성이 스스로 형성되었습니다.

　우선 첫 번째로 둘러쌈이 있습니다. 생명은 막(膜)으로 둘러싸여 있으며, 그 속에 생명 활동이 행해지는 장소가 주어지고 있어요. 이것을 말해두어야 한다고 생각됩니다. 그 생명 활동의 장소를 보장하는 둘러쌈이 있다는 것입니다.

두 번째로 자기유지(自己維持)가 행해지고 있습니다. 혼자서 스스로 유지하고 성장시키지요. 보통 말로 지금은 '대사(代謝, metabolism)'라고 불리는 것입니다. 이것은 일종의 '자기조직계'라고 말해도 좋다고 생각합니다. 혼자서 스스로를 늘 만들어갑니다.

지금 좋은 평판을 얻고 있는 후쿠오카 신이치(福岡伸一) 씨의 책『생물과 무생물의 사이(生物と無生物のあいだ)』(2007)에서는 어떻게 말하고 있을까요? 생물이란 '동적 평형의 흐름'—평형 상태(平衡狀態)라고 말하고 있습니다. 정상성(定常性)을 지니고 있는데, 그것은 정지하지 않고 흐른다고 말입니다. 언제나 여러분은 여러 가지 음식을 먹지요. 그것은 소화되겠지요. 그리고 그것이 어떻게 되느냐 하면, 내장을 통과하고 있을 뿐만이 아니지요. 루돌프 쇤하이머(R. Schoenheimer, 1898~1941)가 방사성 원소(방사능을 가진 원소)^{15}N을 사용하며 밝힌 것처럼, 그것을 계속 쫓아가는 것입니다. 놀랍게도 음식물이 한 차례 전부 몸을 만드는 것입니다. 그리고 나오는 것은 전에 있던 옛 원소인 것입니다.

그러니까 3~4일 지나면 여러분의 몸도 완전히 전과 달라져 버립니다. 외관적으로는 같아 보여도요. 그 정도로 내부에서 자기유지를 행하고 있는 것이지요. 이것을 말하는 것이 '동적 평형의 흐름'이라는 의미입니다. 이것은 레드윙 베르탈란피(L. Bertalanffy, 1901~1972)가 말하는 '유동평형'이라고 표현해도 저는 좋다고 생각합니다. 유동하면서 평형을 이루며, 유지하고 있는 것이지요, 자신의 몸을 유지하고 있는 거예요. 하지만 그것은 유동에 의해 있는 것이지요. 그러니까 그것은 동적인 자기조직계입니다.

그리고 세 번째가 자기증식(自己增殖)을 하는 것입니다. 이것은 자손을 만드는 것입니다. 이것은 생명이 없는 무생물은 하고 있지 않지요. 즉, 자기복제(自己複製)라기보다 자기창생(自己創生)이라고 할 수 있지요. 자기복제라고 하면 나카무라 케이코(中村桂子) 씨가 이의를 품으며 『자기창출하는 생명(自己創出する生命)』(1993)이라는 책에 쓰고 있지요. "자기복제라는 것은 하지 않는다, 아이는 다르지 않은가."라고요. 그러니까 '해플로이드[haploid, 일배체(一培體)]'라는 것이 되고, 그것이 다시 '디플로이드[diploid, 이배체(二培體)]'라는, 즉 양친의 'DNA(deoxyribonucleic acid, 디옥시리보 핵산)'를 받아 새로운 생명이 만들어지고 있는 것이지요. 자기창생이어야 한다고요. 복제는 결코 없다는 것을 말하고 있는데, 그것은 나카무라 씨가 말하는 대로가 아닌가라고 저는 생각합니다.

그러나 어쨌든 같은 종(種)의 대상을 자기증식한다는 것이지요. 그것을 가능하게 하는 것이 이른바 핵산(核酸)이라는 물질이지요. 대사를 가능하게 하는 것은 단백질입니다. 그 밖에도 지질(脂質)이라든가 다른 여러 가지가 있지만. 그런 이유로 핵산이 자기증식을 행하는 원래의 것으로 되어 있습니다. 그 핵산에는 DNA와 RNA(ribonucleic acid, 리보 핵산)가 있다고 하는 것, 이것은 여러분이 알고 있는 대로입니다. 여기에 유전정보가 파고들어 가서 그것이 전해져 간다는 것이 되는 것입니다.

그런데 DNA는 자크 모노(J. Monod, 1910~1976)의 '오페론설(operon theory)'이 밝히는 것처럼, 자기조절을 하는 것이지요. 어떤 물질이 다가오면 스위치가 ON이 되어 유전자가 활동합니다. 오지 않을 때는 OFF로 되어 있어 활동하지 않아요. 그런 자기조절을 하며, 정보를 내놓거나 통제, 컨트롤하고 있는 것이지요. 개체(個體)를 만들어내는

DNA의 전체를 '게놈(genom)'이라고 하는데, 이것도 자기조직계라고 말해도 좋다고 생각합니다.

네 번째로 생명은 진화(進化)합니다. 이것도 생명의 특징이지요. 물론 우주도 진화하지만, 생명의 경우 DNA가 변화하지요, 긴 시간이 지나면 유전자 정보가 다양하게 변화하는 것입니다. 그것에 의해 변화하면 자연환경에 적합한 것과 적합하지 않은 것이 만들어지고, 적합한 것은 대부분 자손을 늘리지만 적합하지 않은 것은 사라져버리기 때문에 변화해간다고 말합니다. 돌연변이(突然變異)와 자연선택(自然選擇), 이 두 개를 가지고 모두 설명하려는 것이 다윈설을 새롭게 정리한 '종합설(綜合設, Neo-Darwinism)'인데요. 이 사고방식에 저는 꼭 찬성할 수 없습니다. 즉 다윈설은 앞에서 17세기 데카르트의 기계론이 자연으로부터 능동성, 자율성을 제거했다고 했는데, 그것을 생물계에 철저하게 적용한 사고방식이라고 생각하는 것입니다. 그러니까 돌연변이, 이것은 무엇인가, 방사선이라는 것이 다가와 유전적으로 변해버린다는 것입니다. 완전히 수동적이지요, 생물은요. 자연선택, 이것도 완전히 수동적이에요. 생물에는 어떠한 능동성도 없지요. 멸망해가는 것과 번영하는 것이 그것으로 결정됩니다.

다윈설은 기계론을 19세기가 되어 생물학의 영역으로는 가장 늦게 완수한 것이라고, 이런 식으로 말해도 좋다고 생각합니다. 찰스 다윈(C. R. Darwin, 1809~1882)의 사고방식은 다면적(多面的)이었기 때문에 이런 식으로밖에 취할 수 없었을지 모르겠지만, 이렇게 해석하면 이른바 '다위니즘[21]'의 의도를 잘 알 것 같은 기분이 들어요. 그러면 그

---

[21] Darwinism, 다윈이 종(種)의 기원론에서 자연선택설을 중심으로 생물진화를 주장한 학설, 또는 이를 기초로 한 사회에서의 진화사상 일반을 말함.

것에 반대한 이마니시 킨지(今西錦司, 1902~1992) 씨의 '주체성의 진화론[22]'이라는 것의 의의도 다소 이해하기 쉬워질 것이라고 생각합니다.

다윈설에는 당시 자본주의 사회의 자유경쟁이라든가, 우승열패(優勝劣敗)라든가 하는 사고방식이 반영되고요. 그리고 그런 다윈설로 변해 있었다고 전해지는데, 정말로 그런 면이 있어요. 하지만 본질적으로는 생물에게 데카르트의 기계론적 사고를 관철시켰다고 말해도 좋다고 생각하지요.

나아가 'evolution'이란 무엇인가요? 'evolution'의 'e'는 'ex'로서 '밖으로'라는 뜻이지요. 즉 '밖으로 전개한다'는 것이기 때문에 '진화(進化)'라는 번역이 맞을까요? 직역하면 '외전(外展)'이지요. 밖을 향해 전개합니다. 그러니까 생물의 '다양성'과 '복잡성'의 정도가 크게 된다는 것을 말하고 있는 것에 지나지 않습니다. 그것에 진보(進步)의 '진'과 하나로 합쳐져 '진화'라는 말이 생겨났는데, 이것은 계몽사상의 '진보'와 하나로 합쳐져 생긴 말로서 사실은 '다양화'이지요. 다윈의 '진화'를 그런 식으로 다시 읽을 수 있다고 생각합니다.

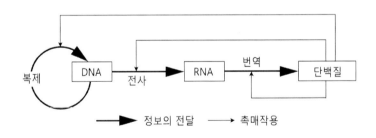

〈그림 3-센트럴 도그마의 구조〉

---

22) 생물의 주체성과 목적성을 중심으로 진화를 주장한 이론.

처음으로 돌아가겠습니다. 생명은 그런 이유로 네 가지 특성을 인정할 수 있습니다. 한 번 더 반복하자면, 생명에는 둘러쌈이 있다, 자기유지를 합니다. 자기증식을 한다, 그리고 다시 진화합니다. 이 네 가지 대상을 '창발자기조직계'라는 관점으로부터 다시 보아야 합니다. 그러면 다윈적 진화론도 재검토할 필요가 있겠지요. 여기서는 진화도 '창발자기조직화'라는 관점을 도입하지 않으면 안 되겠지요. 그전에 생명의 탄생과 전개를 이해하기 위해서 생명의 분자생물학의 기반이나 실험적 사실에 대해 약간 설명해두겠습니다.

생명의 분자생물학의 기반은 1953년 제임스 왓슨(J. Watson)과 프랜시스 크릭(F. Crick, 1916~2004)에 의해 만들어졌습니다. 즉 DNA 구조가 나뉘어온 것입니다. DNA와 RNA의 구조가 나뉘어오고, '센트럴 도그마'[23]가 나오는 것입니다. 이것은 〈그림 3〉이 나타내는 것처럼, DNA가 전사(傳寫)되어 RNA가 생기고, 그것이 핵의 밖으로 나가 단백질을 만드는 정보를 옮기는 것이지요. 그런데 단백질이 반대로 DNA를 만든다거나 또는 RNA에 전사할 때 효소(酵素)로서 활동하지요.

그러면 어느 쪽이 먼저인가요? DNA와 RNA 같은 핵산이 먼저인가, 단백질이 먼저인가 하는, 닭과 달걀의 관계이지요. 이것이 분자생물학의 센트럴 도그마가 가지고 있는 패러독스(paradox, 역설)로서 이 문제를 처음에 풀어야 합니다. 그리고 이 문제를 푸는 것이 생명체의 '자기조직화'와 깊이 관련하고 있다고 생각합니다. 이것은 나중에 다루겠습니다.

---

23)   central dogma. 유전 정보를 나타내는 분자생물학의 기본 원리.

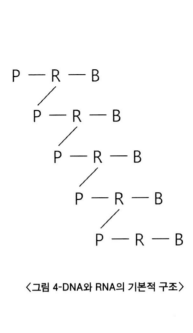

<図 4-DNA와 RNA의 기본적 구조>

DNA라는 것은 복잡한 형태를 하고 있습니다. 본질적으로는 <그림 4>와 같은 구조를 이루고 있습니다. P는 인산염(燐酸鹽, phosphates)이며, R은 당(糖, ribose), B는 염기(鹽基, base), 본질적으로 말하면 이렇게 되어 있습니다. 그리고 B, 베이스가 정보를 주는 것입니다. 염기가 말이지요. 이 염기에는 아데닌(adenine, A), 시토신(cytosine, C), 구아닌(guanine, G), 티민(thymine, T) 등 네 개가 있으며, 이 속에서 세 개가 짝이 되면, 한 개의 아미노산(amino acid)을 결정하는 정보가 되는 것입니다. 그리고 이것들 가운데 티민에서 우라실(uracil, U)을 대신하고 있는 메신저 RNA(messenger RNA)가 나와 정보를 줍니다.

세포 가운데 리보솜(ribosome)이라는 이른바 단백질 제조공장이 있는데요. 거기서 트랜스퍼 RNA(transfer RNA)가 그 세 개의 염기 짝에 대응하는 아미노산을 끌어당기고, 그것을 연결하며 단백질을 만들어냅니다. 여기서는 좀처럼 자기조절을 잘하고 있다고 생각합니다.

그전에 DNA가 '이중나선 구조'를 만들어가고, 네 개의 염기에 A에는 T, 반대로 T에는 A, 또는 C에는 G, G에는 C와 같이 한 쪽 DNA와 다른 쪽 DNA 사이에 규칙적인 대응이 생기고 있습니다. 그러니까 이 두 개가 세포분열을 할 때, 나뉘어가도 완전히 동일한 정보를 가지는 것이 되며, 이것이 RNA에 전사될 때도 그 정보가 정확히 전달됩니다. 단백질이 형성되고, 이 단백질이 효소가 되며, 핵산이 만들어져 양자의 상호작용에 의해 생명체가 만들어집니다.

서론은 이 정도로 하고, 다음으로 생명의 탄생에 들어가겠습니다. 거기에 있는 '창발자기조직화'에 대해 설명해야 합니다. 그럼 어디서부터 이야기를 해야 할까요.

우선 생명의 진화가 시작되기 전, 화학진화(chemical evolution)라는 것이 있었습니다. 즉, 지구가 형성되고 10억 년 동안은 아직 생물이 탄생하지 않았지요. 그사이에 생명을 만드는 기본적 물질이 먼저 진화를 이루고 만들어져야 했습니다.

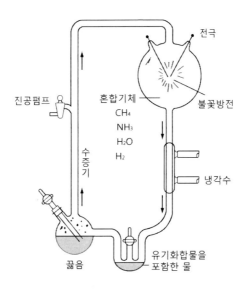

〈그림 5-유리·밀러의 실험〉

우선 1924년 러시아의 알렉산드르 오파린(A. Oparin, 1894~1980)이 '코아세르베이트(coacervate)'라는 것을 발견했습니다. 여러 가지 콜로이드[24] 물질이 섞여 있어, 그사이에 조금 전 말한 생명의 둘러쌈과 같은 것이 생깁니다. 그리고 나서 거기에 물질의 출납이 있거나, 혹은 이것이 둘로 깨져가거나 하는 듯한, 상당히 생명체에 비슷한 것을 만들어냈습니다. 코아세르베이트란 단지 콜로이드 집합체인데, 무엇인가 생명체와 닮았지요. 이것이 생명의 탄생을 문제 삼은 제1단계라고 해도 좋겠지요. 그리고 『생명의 기원(生命の起源)』이라는 책을 오파린은 1936년에 쓰며 이것이 상당히 유명해졌습니다.

두 번째로 1953년에 미국의 스탠리 밀러(S. Miller, 1930~2007)와 해럴드 유리(H. Urey, 1893~1981)가 지구가 형성된 무렵에 있었다고 생각되는 대기 중의 메탄(methane), 암모니아(ammonia), 물, 수소(水素) 등을 같이 섞고, 이것에 불꽃 방전을 가하자(〈그림 5〉), 유기 화합물—생명체를 만드는 아미노산 등이 거기서 생겨났습니다. 아미노산은 단백질의 기본이 되는 것으로서, 이것이 화학적으로 합성이 생긴다는 것을 이 실험은 나타낸 것입니다. 이 실험은 생명체를 만드는 물질의 '화학진화'를 생각하는 데 있어서 상당히 큰 의미를 갖는다고 생각합니다.

생명체가 성립되기 위해서는 그 전제가 되는 물질로서 단백질과 핵산 모두 있어야 합니다. 앞에서 말한 것처럼 하나(단백질)는 물질대사의 기체(基體)이며, 또 하나(핵산)는 자기유지와 자기증식의 기체가 되기 때문에, 이 모두가 있어야 하는 것입니다. 먼저 이 핵산은 조금 전 말한 것처럼 리보오스와 염기, 인산염이 어떤 방법에 의해 하나로 합

---

24)   colloid, 교질(膠質). 0.1~0.001나노미터(100만 분의 1미터) 정도의 미세한 입자가 액체, 기체, 고체 등의 매체(媒体) 속에 분산하고 있는 상태의 끈끈한 혼합물.

처지고, 거기에 뉴클레오시드(nucleoside, 염기와 당이 결합한 화합물의 일종)가 생깁니다. 그것이 다시 많이 결합되어 폴리뉴클레오타이드 (polynucleotide)라는 고분자가 됩니다. 이것이 RNA나 다름없는 것입니다. 이것을 'RNA 월드'로 이름을 지어둡시다. 이 RNA 월드라는 것이 자율적으로, 자기조직적으로 만들어냈다고 말해도 좋다고 생각합니다. 그러기 위해서는 예를 들어 염기가 어떤 식으로 해서 화학적으로 생겼는가 하는 것이 선행하지 않으면 안 됩니다. 이것은 시안화수소(hydrogen cyanide, 맹독성 물질)와 중합[25]해서 화학적으로 만들어집니다.

그리고 리보오스는 포름알데히드[26]로부터 역시 화학적으로 만들어집니다. 즉 이러한 고분자는 내버려 둬도 무언가의 기회로, 무언가의 수단으로, 분자끼리, 스스로 자율적으로 결합되어 고분자가 생겨나오지요. 에가미 후지오(江上不二夫, 1910~1982) 교수님이 그런 것을 한창 이야기하셨습니다. 즉, 내버려 둬도 자율적, 자기조직적으로 결합되어 이루어진다고요.

물론 화학자는 그런 여러 개의 과정에서 아직 실험적으로 확정할 수 없는 것도 있다고 하겠지요. 그러나 그 모든 것이 현재의 상황 속에, 게다가 시험관 속에서의 합성이 아닌, 지구사(地球史)의 어딘가의 단계에서 광물이나 무엇인가가 촉매(觸媒)가 되고 반응이 진행되며, 결국은 'RNA 월드'가 나왔다고 생각해도 좋겠지요.

그리고 단백질은 어떠한가 하면, 메탄과 암모니아와 이산화탄소로

---

25) 重合, polymerization. 한 종류 혹은 그 이상의 단위물질의 분자가 둘 이상 화학적으로 결합하여 거대한 화합물을 만드는 것.
26) formaldehyde, 유기 화합물의 일종.

아미노산이 생깁니다. 이것은 밀러와 유리가 실험적으로 했던 것이지요. 그것이 다른 아미노산과 결합되어 펩티드(peptide)가 되고, 다시 그것이 중합하여 폴리펩티드(polypeptide)가 되며, 이것이 프로테인(protein)이 됩니다. 즉, 단백질이 되는 것이지요. 이것도 자기조직화의 과정이라고 저는 생각합니다. 아직 미싱 링크[27]가 아닌 것은 아니지만, 원칙적으로 이것도 지구사 속에서의 환경과 상호작용에 의한 자기조직화의 과정이라고 말해도 좋습니다. 이런 것이 지구상에서 생명의 발생 이전에, 그것을 만드는 소재가 스스로 형성되어갔습니다. '단백질 월드'로 이름을 지어둡시다.

이 '단백질 월드'와 조금 전의 'RNA 월드'가 결합되어 'RNP 월드'가 만들어졌습니다. 'RNP 월드'에서는 RNA는 단백질 형성을 위해 메신저로서 정보를 주면, 동시에 스스로를 만드는 촉매 역할도 하고 있다는 것이 1989년에 시드니 알트만(S. Altman)에 의해 밝혀졌습니다. 즉 RNA가 일인이역을 해준 것이지요. 그래서 앞에서 언급한 센트럴 도그마의 패러독스가 소멸했다고 말해도 좋습니다. 'RNP 월드'가 생긴 후 RNA를 DNA로 바꾸고, 핵 속에 조심스럽게 들어온다는 것입니다. 이 'RNP 월드'의 형성은 자기조직적인 것이라고 생각합니다. 가장 처음에는 RNA가 일인이역을 해버리고, 생명을 형성해갑니다. 이 'RNA 월드'의 탄생이야말로 생명의 탄생이라고 저는 생각하고 싶어요. 'RNA 월드'와 '단백질 월드'가 결합하여 'RNP 월드'가 생겨나는 것이 생명의 탄생이며, 이것이 바로 '창발자기조직화' 과정이라고 생각합니다.

---

27) missing link, 생물의 진화나 계통에 있어서 화석 생물의 존재가 예측됨에도 불구하고 발견되지 않는 간극.

〈표 2-지구와 생물의 역사〉

	년대 단위 100만년	지층명	생물계의 현상	대변동
신생대	현재→ 2	제4기	호모 사피엔스의 성립	K/T경계
	65	제3기	인류의 등장 포유류의 다양화와 번영	
중생대	136	백아기	공룡대절멸	
	190	쥬라기	공룡시대	P/T경계
	225	삼첩기	최초의 포유류	
	280	페르미안기	생물의 대량절멸	
고생대	360	석탄기	판게아 대륙의 성립 파충류·곤충류의 출현	
	395	데보니안기	절지동물의 출현 최초의 육상생물 (양생류)	O/S경계
	440	실루리아기	최초의 육상식물 (양치류) 원시어류의 출현	
	500	오르도비스기	대량절멸 최초의 척추동물	
	570	캄브리아기	수생동식물의 대폭발	V/C경계
	1300 3000 3500 3800 4600	선캄브리아 시대	다세포생물의 출현 진핵생물의 출현 산소대기의 시작 최고(最古)의 원핵생물 생명의 탄생 지구의 탄생	전구동결 전구증발

그 후 생명이 생기고 나서 어떻게 되었는가 하는 것은 이 표(〈표 2〉)에 맡깁시다. 38억 년 전에 탄생하고 우리에게 오기까지 지구상의 생물은 다섯 번의 대변혁의 경험을 했습니다.

우선 38억 년 정도 전에 '전구증발(電球蒸發)'이라는 것이 일어났습니다. 물이 한 방울도 없어지게 된 것은 아니지만, 대부분 증발해버려 상당히 더울 때가 있었다고 합니다. 저는 이때 사실은 생명이 탄생하지 않았을까 생각합니다. 물이 잦아들 때 조그마한 웅덩이 같은 곳에서 이 열에너지를 이용하고, 유기물질을 공유하고 '분자공생(molecular)'이라고 할 만한 상태로 생명이 생겨났을 거예요. 그리고 7억 5000만 년 정도 전에 '전구동결(全球凍結)'이 일어나 여기서 살아남은 진핵생물(eukaryote)이 모여 다세포 생물이 만들어지지요.

다음은 5억 7000만 년 전, 즉 〈표 2〉에서 570이라고 쓰여 있는 부분을 보아주십시오. 즉 캄브리아기(Cambria period) 직전입니다. 이것은 웬드·캄브리아기(wend·Cambrian period, V/C)의 경계라고 하며, 여기서 다시 큰일이 일어났어요. 그 이전에 '에디아카라 생물군[28]'이라는 것이 있었습니다. 단단한 골격을 갖지 못한 생물이 많이 있었는데, 이것이 모두 절멸해버렸어요. 이것은 스티븐 제이 굴드(S. J. Gould, 1941~2002)의 『원더풀 라이프(ワンダフル·ライフ)』(*Wonderful Life: the Burgess Shale and the nature of history*, 1989)를 읽으면 좋은데요, 그 생물들이 전부 죽은 다음 캄브리아기의 대폭발이 일어납니다.

이 폭발로 지금 어느 생물의 분류학적인 대부분의 문(門, phylum. 생물의 분류단위)의 기원이 되는 것이 한꺼번에 생긴 것입니다. 그 생물들의 형태가 굴드의 책에 나옵니다. 사실은 재미있고, 기묘한 형태를 한 것이 많이 존재합니다. 눈을 가진 동물도 이때 처음으로 등장합니다.

다음으로 440이라고 쓰여 있는 부분을 보아주십시오. 4억 4000만 년 전입니다. 이것은 오르도비스·실루리아기(Ordovician·Silurian period, O/S)의 경계입니다. 여기서도 큰일이 일어났습니다. 대량 절멸의

---

28) Ediacara biota. 6억 3000만 년 전~5억 4200만 년 전 사이, 선(先) 캄브리아 시대에 살았던 생물군.

상당한 위기가 다가오며, 이때 생물의 상륙이 시작되고 있습니다. 먼저 식물이 상륙하는 것이지요. 그다음에 동물이 식물을 쫓아서 상륙합니다. 동물은 식물의 엽록체가 만들어준 당으로 존재하기 때문에, 늘 식물이 한발 먼저 가고, 거기에 동물이 따라가죠.

그다음의 경계가 어딘가 하면 페름·삼첩기(Permian·Trial period, P/T)의 경계라고 전해지고 있는데, 여기서 처음으로 포유류가 출현해 옵니다. 페름기와 삼첩기 사이에는 역시 큰 전환기가 있었습니다.

최후의 변환기는 백악·제3기(Cretaceous period·Tertiary, K/T)의 경계라고 부르는데, 65, 즉 6500만 년 전입니다. 여기서는 어떤 일이 일어났을까요. 중생대(中生代)의 주역이던 공룡이 전부 사라지게 되었습니다. 포유류는 공룡 사이에서도 매우 작아서 그 그늘에 숨어 간신히 살고 있었는데, 공룡이 절멸했기 때문에 이번에는 포유류가 한꺼번에 'niche(생태적 지위)'를 넓히고 자신들의 영역을 확대하며 다양화했습니다.

이처럼 지구상의 생물은 주위의 기후변동이나 천체(운석)와의 충돌 등에 의해 단속(斷續)적으로 멸망하고, 새로운 생물이 다시 자기형성적으로 만들어지며, 평형(平衡)에 도달해 자리 잡아 가는 식으로 진화해왔습니다. 그렇기 때문에 미크로[micro, 극미(極微)]적인 변화가 연속적으로 일어나 그대로 현대에 이르고 있다는 것은 아닙니다. 그것을 진화의 '단속평형'이라고 합니다.

그럼 다음의 절멸이 있다고 말하면, 이것은 여섯 번째의 절멸기라는 것이 되겠습니다. 이것이 100년 후에 올 것인가, 1000년 후에 올 것인가는 모릅니다. 그러나 인간이 지(知)의 진보, 그 자체에 의해 절멸한다는 지금까지의 절멸과는 다른, 인간 자신이 만들어낸 '환경 위기'에 의해 절멸하는 일이 일어날지 모릅니다. 이것이 언제 올지 모르지만, 저는 전부터 2050년이 분기점이라고 말해왔습니다. 이것은 환경성(環境省)의 통계나 미국의 월드워치 연구소(Worldwatch Institute, 미국의 민간 환경문제 연구소)의 레스터 브라운(L. Brown) 씨의 자료에 따라 추측해 왔습니다. 지금 도쿄 대학에서도 '2050년 프로젝트'라는 것을 시작하고 있는데요. 현재 코미야마 히로시(小宮山宏) 총장이 중심이 되어 'sustainability(지속 가능성)'의 연구조직을 만들고, 2050년까지 무엇을 하지 않으면 안 되는가가 추구(追究)되고 있습니다.

도쿄 대학의 마츠이 타카후미(松井孝典) 씨가 최근 『지구 시스템의 붕괴(地球システムの崩壊)』(2007)라는 책을 내놓았는데, 이대로 가면 100년 후에 인류는 존재하지 않을지 모른다고 말하고 있어요. 어쩌면 마츠이 씨가 말하는 대로 될지 모르지만, 저는 그때까지 인류는 다른 길을 선택할 수 있다고 믿고 있습니다. 그러니까 제가 말하는 '환경혁명'을 반드시 성공시켜야 합니다. 이것에 실패한다면, 앞으로 후세에게 심각한 일이 될 거라고 생각합니다.

그럼 여기서 요약에 들어가겠습니다. 생명의 탄생과 발전은 환경과 상호작용을 통한 '창발자기조직계'의 전개라는 것입니다. 생명이 탄생하면 곧 시아노박테리아[cyanobacteria, 남조(藍藻)] 같은 '원핵생물(prokaryote)'이 생깁니다. 이것은 아직 세포에 핵을 가지고 있습니다. 그러나 엽록체를 가지고 광합성을 행하고, 대기 중의 CO_2를 O_2로 바꾸어갑니다. 이 남조의 대번식에 의해 대부분의 성분은 일변(一變)하고, 드디어 호기성(好氣性)의 핵을 가진 '진핵생물(eukaryote)'이 만들어져옵니다. 그 최후의 형태는 아메바(ameba), 짚신벌레(paramecium), 연두벌레(euglena) 류(類)이지만, 유글레나의 예를 보면 세포에 핵이 있고, 그 속에 DNA가 들어와 자신과 똑같은 것을 복제하는 정보를 저장합니다. 그 위에 그 정보에 의해 단백질을 만드는 리보솜이라는, 이른바 단백질 제조 공장이 많이 있어요. 그 위에 엽록체를 가진 이것이 광합성을 일으켜 물과 이산화탄소로부터 당을 만들며 산소를 밖으로 내보냅니다. 그 위에 미토콘드리아[29]와 기관이 당을 분해하여 에너지로 바꾸며, 이것에 의해 활발한 운동이 가능하게 됩니다.

나아가 운동을 잘할 수 있도록 조정하는 편모(鞭毛)가 있어요. 그런데 이 유글레나라는 최초의 '진핵생물'에 있어서 세포 속의 이런 소기관체(organelle)는 원래 다른 독립적인 생물이었는데, 그 증거로 엽록체 속에도 DNA가 있습니다. 그런데 환경의 변화에 따라 곤란할 때는 그들이 모두 장점을 서로 내놓으면서, 에너지를 만드는 데 자신 있는 것, 단백질을 만드는 데 자신 있는 것, 광합성을 할 수 있는 것—그런 것이 모여 공생하고 협력하는 체제가 생긴다는 것입니다. 이것을 린 마굴리스(L. Margulis, 1938~2011)라는 여성 과학자가 강조하며 '공생진화(symbiotic evolution)'라고 불렀어요. 지금까지 진화라고 하면 우승열패로 강한 것이 약한 것을 멸망시키고 그것을 대신한다는 이미지가 있었지요. 하지만 그와는 전혀 다른 '공생진화'라는 것은 모두 장점을 서로 내놓아 새로운 형태의 생물을 만들어가는 것이죠. 이것이 '공생진화'입니다. 진화론 가운데 상당히 큰 테마가 되어 있습니다. 진화는 배타적으로 남을 멸망시킴으로써 일어난다는 이미지였는데, 공생진화설에서는 곤란한 환경에 직면할 때 상호의 힘을 서로 합쳐 새로운 발전을 만든다는 것이죠—거기서 복잡화와 다양화라는 것이 나오게 된다고 합니다.

그런데 저는 이러한 과정을 통해 역시 '대칭성'이 깨졌다고 생각합니다. 생명의 형성에 있어서도 대칭성은 넓은 의미로 해석되지만, 요

---

29) Mitochondria, 진핵 생물의 세포소기관.

컨대 지금까지는 비 생명계의 물질계 일색이었어요. 이 속에서 생명계가 나뉘어 나왔습니다. 중력이라든가 4개의 힘이 나뉘어 대칭성이 깨지고 우주가 형성된 것처럼, 물질계로부터 생물계가 나뉘며 대칭성이 자발적으로 깨졌습니다. 역시 이 의미에서 대칭성의 자발적 깨짐이 있었다는 식으로 말해도 좋지 않은가라고 저는 생각합니다.

더욱이 중요한 것은 여기서 환경과 상호작용을 하면서 대칭성이 깨지는 것이고, 지질학적 연대의 변화와 생물학적 변화는 양쪽 모두 결합되어 있습니다. 그러니까 지구의 변화와 생물의 변화는 같이 진화하고 있어요. 그래서 그것을 '공진화(co-evolution)'라고 말합니다. 생물과 지구의 공진화이지요. 그런 것이 여기서 이루어지고 있는 겁니다.

이런 생물과 지구의 일체성을 '가이아[30]'라고 이름 지읍시다. '가이아 가설(Gaia hypothesis)'이란 것은 여러분도 잘 아시지요. NASA의 제임스 러브록(J. Lovelock) 박사가 말했어요. 지구가 생물에 영향을 주고, 생물이 다시 지구에 영향을 미치며, 더불어 성장하고 일체화하는 것을 의미하고 있습니다. 그러나 이 일체성을 무너뜨린 것이 다름 아닌 '환경파괴'이지요.

---

30) Gaia, 그리스신화에 등장하는 여신, 하늘과 땅을 내포한 세계 그 자체.

결론

그럼 결론으로서 여기서 말하려는 것은, 기계론적 자연을 대신해 창발자기조직계로서의 자연이라는 개념이지요. 즉 'the emergent self-organizing system'으로서의 자연이라는 관점이에요. 그것은 자기가 자기를 만들어가는 새로운 질서를 만들고, 분화하고 다양화해 갑니다. 그때 스스로 자기의 질서를 만들어가는 것이기 때문에, 엔트로피[31]가 감소하지요. 오늘은 엔트로피를 별로 다루지 않았습니다. 이 부분은 타치키 노리오 교수가 정보에 관한 것과 같이 다루어주시면 고맙겠습니다.

질서가 생길 때 반드시 엔트로피가 감소합니다. 열역학 제2법칙[32]에 의하면 엔트로피는 항상 증대하지만, 그것은 환경과 상호작용을 하며, 개방계(open system)에서는 자율적, 자주적으로 엔트로피가 감소됩니다. 생물은 '비 평형개방계'지요. 이것을 에르빈 슈뢰딩거(E. Schrödinger, 1887~1961)는 "우리는 부(負)의 엔트로피를 먹으며 살고 있다."라고 했습니다. 즉 엔트로피를 확대시키지 않으며, 그것을 버리고 질서를 유지하며 살아간다는 것이지요. '산일구조(dissipative structure)'라고 말하는데, 그런 것을 지켜보는 것이 필요합니다. 이것을 매우 강

---

31) entropy, 열량과 온도에 관한 물질계의 상태를 나타내는 열역학적 양.
32) second law of thermodynamics, 에너지 이동의 방향과 에너지 질에 관한 법칙.

조한 사람이 노벨상을 받은 일리야 프리고진(I. Prigogine, 1917~2003)입니다. 그러니까 프리고진은 오늘날 자연관의 전환에 대단히 큰 공헌을 한 인물이 아닌가 생각됩니다.

그러면 이번에는 철학적, 세계관적으로 이것이 어떤 귀결을 낳는가에 대해 말해보겠습니다.

첫째로 인간 대 자연이라는 대립이 없어집니다. 지금까지 자연은 인간에게 타자(他者)였어요. 그러니까 이것을 지배하고 정복하며 '인간의 왕국'을 건설하겠다고 베이컨이 말하기 시작했지요. 데카르트도 기본적으로 그렇지요. 인간의 이성이 자연의 외부로 나오는 겁니다. 그리고 자연을 기하학으로 조작해간다는 사고방식. 그 인간 대 자연의 대립이 여기서 사라지게 됩니다. 즉, 이 양자는 함께 창발자기조직계의 발전의 계열 속에서 이루어지는 연속적인 것이 되는 것이지요. 그러니까 인간은 자연의 주인, 지배자이기는커녕 자연의 자손이란 것이지요. 그런 사고방식이 변화하지 않으면, 정말로 인간과 자연과의 '공생(共生)'을 말할 수 없겠지요. 그런 자연관의 변환을 가질 때, 비로소 공생의 개념이 중요한 진실성을 띠게 된다고 말할 수 있습니다.

그리고 둘째로 정신과 물질의 대립, 이것도 지금까지 충분히 지적되어왔습니다. 이 대립이 없어집니다. 왜냐하면 자연의 '창발자기조직화'의 발전 속 어딘가에서 생명이 탄생한 것처럼 정신, 마음 역시 탄생한 것이기 때문입니다. 아마 이것은 대뇌 신피질의 형성과 결합되어 있기 때문이라고 하는데, 거기에서 마음이 생기며 정신이라고 불리는 것이 성립하기 시작했다고 생각합니다. 그러니까 그것 역시 연속하고 있는 것으로서 그것을 절대적으로 대립적인 것으로 볼 필요는 없으며, 정신세계와 물질세계를 두 세계로 나누어, 이른바 물과 기름과 같은 것이라는 식으로 생각하지 않아도 되는 것이지요. 그것 역시 연속한 것 속에서의 '창발'이라는 것이지요.

종교와 과학이 원래 대립하는 것인가, 아닌가 하는 문제도 생겨납니다. 이 대립도 없어질 것이라고 저는 생각하고 있어요. 그러기 위해서는 과학이 어떤 식으로 지금 변하고 있는가, 그와 함께 자연관도 어떻게 변하고 있는가를 생각해야 합니다. 그와 동시에 종교도 지금까지와 같은 종교로 좋은가 하는 것이 역시 문제가 된다고 봅니다. 신(神)이란 도대체 무엇인가, 신이란 자연의 창발자기조직적인 발전을 가능하게 하는 존재라고 말할 수 있는 것이 아닌가, 그러면 'Deussive Nature'이지요. 신, 즉 자연에 대해 요한 볼프강 폰 괴테 (J. W. Goethe, 1749~1832)나 미야자키 켄지(宮沢賢治, 1896~1933)도 이 입장이었다고 생각합니다. 그러니까 그런 입장에 서면 이것은 'Panentheism(만유내재신론)'이라고도 'Panenphysism(만유자연론)'이라고도 말할 수 있어요. 양자는 결국 같은 것으로서 그사이의 전체 모순이 사라집니다. 이 귀결하는 점은 매우 클 것이라고 저는 생각합니다. 최근의 사상계에서는 자연주의적 신학, 자연주의적 윤리, 자연주의적 철학이라는 말이 여러 가지 철학사전에 게재되어 있고 상세하게 취급되고 있습니다.

조지 무어(G. Moore, 1873~1958)가 『윤리학 원리(倫理学原理)』(*Principia Ethica*, 1903)에서 주장한 '자연주의적 오류(naturalistic fallacy)', 즉 자연으로써 윤리를 논하는 것은 잘못이라고 한 주장을 많은 윤리학자는 무어를 인용해 스테레오타입[33]으로 말하는데, 이것은 무어가 틀렸다고 반대로 생각해보는 것이 필요합니다. '자연주의적 오류'라는 것은 곧바로 말할 수 없기 때문에, 반대로 '자연주의적 윤리'라는 것

---

33) stereotype, 고정관념.

이 21세기의 철학에서는 활발히 논해지게 되었어요. 이 자연관과 윤리관은 히로이케 치쿠로 박사의 연구[34]와 공통점이 있지 않은가 생각되지요. 어떻습니까, 그것은 여러분이 더 잘 알고 있기 때문에, 생각해보시면 좋겠습니다. 저는 그 근저에 통하는 것이 있지 않은가 하는 느낌이 듭니다.

매우 일사천리(一瀉千里)로 달려온 것 같습니다. 그래서 알기 어려웠던 부분, 의문으로 생각되는 부분이 있다면 말씀해주시고, 차후에 여러분과 토론해 가도록 하겠습니다. 이야기는 여기서 마치겠습니다. 잘 들어주셔서 고맙습니다.

---

34) 1926년, 저서 『도덕과학의 논문(道德科学の論文)』을 통해 자연의 원리와 현상을 기초로 도덕 윤리를 과학적으로 제시한 연구.

제3장

도덕의 기원

오늘은 '도덕의 기원'이란 제목으로 이야기를 들어주셨으면 합니다. 오늘 이야기의 목표를 우선 말해둡시다. 그것은 도덕을 종래의 철학이나 윤리학처럼 위로부터 아프리오리(a priori, 선험적)로 규정하는 것이 아닙니다. 예를 들어 임마누엘 칸트(I. Kant, 1724~1804)의 『실천이성비판(実践理性批判)』(*Kritik der praktischen Vernunft*, 1788)이라는 책이 있습니다. 어제도 그 책을 다시 읽었는데, 도덕원리로서 이런 식으로 쓰여 있습니다. "당신 의지의 격률이 항상 동시에 보편적 입법의 원리로서 타당할 수 있도록 행위하라."라고. 이 말이 무엇을 뜻하는지 잘 모르겠지요.

이처럼 칸트는 "당신 의지의 격률"이 "보편적 입법의 원리에 맞도록"이라고 말하고 있는데, 도대체 이 '보편적 입법의 원리'가 어디로부터 오는 것인가. 『실천이성비판』을 계속 읽어가면, 실로 신(神), 기독교적 신, 세계를 창조한 신, 그런 것을 전제하고 있지요. 요컨대 칸트의 파이어티즘[35]의 신앙, 기독교의 창조신으로부터 내려오는, 위로부터 내려오는 도덕원리가 기초로 되어 있는 것입니다. 유럽의 윤리학은 대체로 그렇습니다. 무언가 그런 기독교를 배경으로 하고 있습니다.

---

35) Pietism, 경건주의(敬虔主義). 17세기 말부터 독일 루터파의 정통교회 중심으로 일어난 신앙각성 운동.

하지만 그것이 아니라, 오늘의 이야기는 도덕의 기원을 인간진화의 길 위에 둔다는 것입니다. 동물로부터 인간으로의 진화라는 것을 기초로 생각하고 싶다는 것이지요.

이런 도덕론의 접근은 지금까지의 아프리오리한 것으로부터의 윤리학, 도덕론에 근본적인 변환을 불러올 것이라고 생각합니다. 그리고 그것은 21세기 인류 공동체의 도덕론 구축에 상당히 중요한 의미를 가져올 것이라고 생각합니다. 즉 기독교를 전제한다든가, 또는 유대교나 이슬람교, 불교를 전제한다든가 그런 것은 아닙니다. 보다 인간 자신의 생명체 본연의 자세에 기초하는 도덕이 있지 않은가요, 그것을 진화론적으로 생각해보는 것입니다. 이것이야말로 지금 상당히 중요하지 않은가 생각돼요.

즉, 특정 종교 배경이나 무엇인가로써 윤리를 말한다면, 다양한 종교를 가진 지구사회의 윤리는 더 이상 성립하기가 어렵죠. 여러 종교가 뿔뿔이 흩어져 있고, 이슬람교다, 기독교다, 유대교다, "그래서 뭐!"라며 싸우고 있습니다. 그렇지 않은 보다 근본적인 것으로부터 도덕을 다시 생각해야 합니다. 즉, 특정 문화적 배경으로부터가 아니라, 인류에 공통하는 지반으로부터 윤리·도덕을 생각해야 하는 것입니다.

진화윤리학

그것을 저는 'Evolutionary Ethics'라고 말합니다. '진화윤리학' 혹은 '진화윤리'라는 새로운 말을 제안하고 싶어요. 이것은 앞의 논문 (제2장), 즉 〈창발자기조직계로서의 자연〉의 마지막에 'naturalistic Ethics'라는 새로운 방향을 지적해두었는데, 이것은 하나라고 생각해 주셨으면 좋겠습니다. 그러니까 오늘 이야기는 앞의 강연과 근본적으로 이어지는 것입니다.

이런 'Evolutionary Ethics'라는 것의 기원을 생각하면, 그 출발점에는 다윈이 있지요. 그 유명한 진화론의 다윈이 있는 것입니다. 작년 2009년은 다윈의 탄생 200주년이었습니다. 또한 그의 저서 『종의 기원(種の起源)』(On the Original of Species)이 1859년에 출판되었는데, 그로부터 마침 150년이 되는 기념의 해였기 때문에 여러 곳에서 행사가 기대되고 있었습니다. 다윈은 이 책에서 생물계의 다양한 종(種)이 나뉘어 갈라져 가는 과정을 다루고, 그 원인을 여러 가지 들고 있습니다. 이 책은 인간과 동물의 연계를 주제로 다룬 것은 아닙니다.

인간과 동물의 연계를 주제로 다루며 거기서 윤리 도덕의 문제까지 고찰한 것은 그로부터 12년 후에 나온 『인간의 유래(人間の由来)』(The Descent of Man)라는 책입니다. 이 책에서 다윈은 도덕의 기원의 문제, 동물과 인간이 도덕이라는 문제와도 연계하고 있다는 점을 지적했어요. 그 밖에도 인간과 동물의 관계, 예를 들어 여러 가지 뼈의 구조

가 연계되어 있다든가, 발생과정이 연계되어 있다든가 하는 여러 가지 것을 다윈은 말하고 있습니다. 특히 도덕의 문제를 그 제3장에서 다루고 있는데, 이것은 결코 인간 특유의 것이 아니라고 말하고 있습니다. 이미 동물에서 그 맹아(萌芽)가 보이는 것을 논했어요.

이 견해는 인간과 동물을 근본적으로 분리하는 당시(그리고 지금도 남아 있는) 기독교권 유럽에 강한 충격을 주었습니다. 여기서 특히 주목하고 싶은 것은, 다윈은 이 책으로써 인간의 도덕성의 맹아가 이미 동물계에도, 영장류 사이에서입니다만, 그 사회에 싹트는 것을 설명하고 있습니다.

우선 제1장에서는 인간과 동물 사이에 뼈, 근육, 신경, 혈관, 내장, 그리고 뇌의 구조상 원숭이라든가, 박쥐라든가, 바다표범이라든가—이들 모두는 포유류이지요, 박쥐는 포유류입니다, 새가 아니기 때문에. 바다표범도 물고기가 아닌 포유류지요—그런 동물에 대응하는 구조가 보인다고, 같은 종류의 동물이 있다는 것을 여러 가지 예를 들어 말하고 있습니다.

> 같은 집단에 속하는 종의 전체적인 형태구조가 서로 같은 것은
> 그들이 공통의 조상으로부터 파생해왔기 때문이라고 생각하면
> 쉽게 이해할 수 있다. 그렇게 생각하지 않는다면, 인간이나 원숭
> 이의 손, 말의 다리, 바다표범의 지느러미, 박쥐의 날개 구조가
> 서로 유사한 것을 전혀 설명할 수 없다.

이어서 「인간과 동물의 '심적 능력(mental ability)'의 비교」라는 표제를 갖는 제2장, 제3장에서 이번에는 인간과 동물 사이의 심적 능력이라는 것의 연계, 곧 관계를 논하고 있습니다.

본 장에서 나의 목적은 인간과 고등 포유류와의 사이에 심적 능력에 있어서도 본질적인 차이는 없다는 것을 밝히는 것이다.

여기서 그는 '감정, 호기심, 기억, 상상' 등의 심적 능력이 인간과 동물 사이에 어떻게 연계되어 있다고 생각하고 있는가를 예시한 후에, 특히 도덕관념에 대해 비교하고 있습니다.

이하의 제안은 매우 옳다고 생각된다. 즉 잘 발달한 사회적 본능을 갖춘 동물이라면 그것이 어떤 동물이든지, 그 지적 능력이 인간의 그것에 필적할 정도로 발달하면 즉시 필연적으로 도덕적 관념, 또한 양심을 획득할 것이라는 것이다.

즉 사회적 본능은 동물에게 무리와 같이 있는 것에 기쁨을 느끼게 하고, 무리에 대해 다소의 공감을 품게 하여, 그들에 대해 여러 가지 봉사를 시키도록 유도한다. 봉사는 극히 당연한 분명히 본능적인 성질의 것이라는 것도 있으면 많은 고등한 사회적 동물에서도 그렇듯 일반적인 의미에서 자신의 무리를 돕고 싶다는 바람이나 경향이라는 것도 있다.

거기서 도덕관념은 그들의 사회적 생활의 나아갈 길과 밀접하게 결부되어 있다는 것을 설명하고 있지요. 이것은 선견적인 통찰이었다고 저는 생각합니다. 그러니까 오늘 주제의 선구자로서 다윈을 먼저 다룬 것입니다.

영장류학의 진전

　다음으로, 동물의 도덕적 사회성을 자세하게 해명한 최초의 책으로서 프란스 드 발(F. D. Waal)이라는 네덜란드 영장류학자의 책을 다루어둡시다. 찰스 다윈의 책은 *The Descent of Man*이었지요. 『인간의 유래(人間の由来)』였습니다만. 드 발의 책은 *Good Natured*라는 책입니다. 1995년 출판이니까 최근이지요. 다윈의 책으로부터 125년이 지났습니다. 'Good Natured'라는 말은 무엇이라고 번역할까요? '자연히 갖추어진 선(善)'이라고 번역할까요? *The origins Right and Wrong in Humans and Other Animals*(『인간과 다른 동물에 있어서 선악의 기원(人間と他の動物における善悪の起源)』)이라는 부제가 달려 있습니다. 일본어 역은 『利己的なサル, 他人を思いやるサル―モラルはなぜ生まれたのか(이기적인 원숭이, 타인을 배려하는 원숭이―도덕은 왜 태어났을까?)』로 되어 있습니다. 최근 영장류학(靈長類學, primatology), 그리고 인지행동학(認知行動學, cognitive ethology)이 발달했는데요, 이러한 연구들이 점점 깊어져 동물의 사회적 생활의 나아갈 방향에 실로 큰 빛을 비추게 되었습니다. 다윈의 시대에는 아직 매우 적었던 것인데 말입니다. 그리고 동물세계에 있어서 도덕의 바람직한 자세도 해명되었습니다.

　그러니까 이 도덕성의 문제가 이제는 전통적인 철학과 윤리학의 독점물이 아니게 되었고, 뇌신경학이나 생태인류학, 동물행동학이 어떤 국면의 해명에 큰 역할을 다하게 되었습니다. 그런 것을 읽고 나면, 기성의 철학자나 윤리학자의 의논이 상당히 무엇인가 허공에 떠 있는 것처럼 느껴지고, 보다 확실한 경험적 증거에 기초한 실증적인 것으로부터 출발하고 싶은 기분이 듭니다. 즉 최근의 뇌신경과학(neuroscience)의 발달, 또는 동물행동학(ethology)을 기반으로 다시 생각해보는 것이 필요하다고 생각됩니다. 이 의미로 드 발은 이 방면의 제일선(第一線)에 있는 인물이지요, 특히 동물행동학 분야에서는요. 침팬지나 보노보와 같은 영장류를 대상으로 하고, 거기서 사회생활의 자세를 관찰한 결과를 상당히 잘 요약하고 있습니다.

이 책에서 종래의 인간 고유의 특성이라고 생각되어온 '도덕'이라는 것이 히말라야원숭이, 마카크원숭이(일본원숭이는 여기에 들어감), 보노보, 침팬지 사이에서 장기간에 걸쳐 관찰됨으로써, 그들이 사람의 도덕적 행동과 닮은 규칙이나 행동양식을 갖고 있다는 것을 풍부한 사례를 들어 설명하고 있습니다. 그렇게 해서 도덕 역시 생물 진화의 산물이라는 것을 밝혔지요.

가장 처음에 나가노현(長野県) 시가고원(志賀高原)의 지고쿠다니야생원숭이 공원(地獄谷野猿公苑)에서 암컷 원숭이, 때까치가 나오기 시작합니다. 이것은 일본인이 연구한 것이에요. 그 암컷 원숭이는 농약영향으로 양팔과 양다리가 없었는데, 이 무리 속에서 훌륭히 살아남았지요. 천수를 다 누렸다고 말해도 좋겠지요. 그 암컷 원숭이가 살았던 사회 속에 무엇인가 상호부조, 도덕의 맹아가 있었다는 것을 나타내는 사례가 여러 가지로 묘사되어 있습니다. 그밖에 무수(無數)라고 해도 과언이 아닌 여러 나라 동물들의 '인지(cognition)'—상대를 어떻게 인식하는가—나 'empathy'입니다. 이것은 '감정이입'이라고 번역되는데, 상대의 감정 속에 들어간다는 것이지요. 그리고 '상호적 보수

(mutual reward)'이지요. 이렇게 한 것이 결국 이렇게 되돌아온 것입니다. 그런 보수라는 것의 여러 가지 무수히 많은 사례가 풍부한 사진과 함께 제시되고 있습니다. 그 사진도 매우 박력이 있습니다. 그렇게 도움을 주고받을 때의 사진에서 침팬지나 보노보의 표정 등을 지켜보면 매우 도움이 됩니다.

이 책과는 달리, 최근 약 한 달 전에 보도된 신문 기사에 의하면 이런 것이 있었지요. 영장류 침팬지에 관한 실험이었다고 생각되는데요, 두 우리에 따로 들어가 있는 것이지요. 이쪽의 우리에는 봉이 있습니다. 그 우리 위에는 바나나, 먹이가 있어요. 이쪽의 침팬지를 침프 A라고 합시다. 이 침프 A가 말이에요, 봉으로 흔들고 말이지요, 바나나를 떨어뜨려 먹어요. 그것을 옆 우리의 침팬지, 즉 침프 B가 보고 있어요. '내가 있는 곳에는 봉이 없어, 이거 난처하네!' 하는 식으로 보고 있으면, 이 침팬지 A가 상대의 기분을 알아채요. 옆의 침프 B가 무엇을 느끼고 있는가를 안다는 말이에요. 헤아려서 압니다. 그것을 이해하고는 그 옆의 침프 B에게 봉을 넘겨줍니다. 넘겨받아 기꺼이 바나나를 떨어뜨려 함께 먹지요. 그렇게 옆의 침팬지에게 봉을 넘겨주고 도와준다는 것을 관찰한 것이지요. 이것은 『아사히신문(朝日新聞)』에 나왔던 것인데, 다른 신문에도 나왔을지 모릅니다. 기억하고 있는 사람도 있을지 몰라요. 그러니까 침프 A가 침프 B가 난처해하는 것을 이해할 수 있었다는 것이지요. 그리고 그것을 도와주는 것에 의해 자신 역시 만족을 느낀 것입니다.

그 근저에 타자의 마음 상황을 자신의 대상으로 삼을 수 있는 능력이 없으면 안 되겠지요. 이것이 중요한 것이지요. 이것이 'empathy'입니다. 보통 '감정이입' 등으로 번역됩니다만, 직역하면 '입감(入感)'인가요? '공감(共感)'이라고 말하면 'sympathy'가 오히려 생각나긴 하는데요. 감정을 타고 들어간다는 뜻인가요, 맞은편의 감정을 이쪽으로 받아들이는, 그런 'empathy' 현상이 영장류에게도 존재한다는 것을 제시하고 있습니다.

미러 뉴런의 발견

그럼 세 번째 테마로 들어가겠습니다. 여기서 말하는 'empathy' 현상을 이해하기 위해, 다윈도 드 발도 아직 모르고 있던 뇌신경과학에 관한 최근의 중요한 발견이 있습니다. '미러 뉴런(Mirror neuron, 거울신경세포)의 발견'이 그것입니다. 이것은 앞으로 큰 영향력을 가져올 것이라고 저는 생각하고 있습니다.

이 미러 뉴런에 있어서는 최근 타치키 교수가 『지구 시스템·윤리학회 회보(地球システム·倫理学会会報)』(2010, 5호)에 「마음 - 뇌 - 사회 시스템과 미러 뉴런(心—脳—社会システムとミラーニューロン)」이라는 매우 좋은 논문을 썼습니다. 미러 뉴런에 대해 요약된 최고의 논문 중 하나라고 생각됩니다. 그것이 어떻게 발견되고 어떤 의미를 갖는가 하는 것까지 논의되고 있습니다.

여기엔 앞으로, 그야말로 '도덕과학(moral science)'이라고 불리는, 이른바 신경과학적인 기초가 부여될 것입니다. 저는 아프리오리에 의한 위로부터 내려오는 윤리학이 아닌, 아래로부터의 실증적 사실을 겹쳐 쌓은 윤리학이 필요하다고 말하고 있습니다. 특정 종교를 배경으로 하는 윤리학이 아니라 전 인류에 대해 인간이 인간인 이상 성립할 수 있는 윤리, 그것을 생각해야 하기 때문에, 그런 의미에서 이것은 상당히 중요한 의미를 갖는 것이지요.

지금부터 '미러 뉴런은 무엇인가'와 그 의미에 대해 설명하겠습니다. 이것이 발견된 것은 1990년대예요. 정확히 몇 년이라고는 말할 수 없고요. 1990년대 어느 해에 이탈리아 파르마 대학(Collegio europeo di Parma)의 자코모 리촐라티(G. Rizzolatti)라는 학자를 중심으로 한 뇌신경과학 연구 그룹의 성과입니다. 비토리오 갈레세(V. Gallese), 레오나르도 포가시(L. Fogassi)라는 학자들(파르마 그룹이라고도 함)이 참여했지요. 그들이 미러 뉴런이라는 것을 발견했습니다. 그것이 어떤 것인가 하면요. 그들이 마카크원숭이의 뇌를 연구했는데, 그 뇌의 F5 영역이란 부위, 즉 뇌의 전두엽(前頭葉)이란 부분이 있어요. 마카크원숭이의 이 부분에 'F5 영역'이라는 것이 있는데, 그 F5 영역의 연구를 하고 있었지요. 이것은 'ventral premotor cortex'라고 말하는데, 타치키 선생의 논문에서는 '복측운동전야(腹側運動前野)'로 번역되어 있습니다. 이것이지요. 이것은 운동과 관계가 있어요. 그곳의 신경이 흥분하면, 즉 'activate(활동화)'되면—이것을 '발화(發火)'라고 합니다—그곳 신경세포가 발화하면, 뇌가 예를 들어 사과를 먹기 위해 '집는다'든가 하는 일이 일어나요. 그러니까 그들은 이런 운동신경 연구를 하고 있었던 것입니다.

그런데 불가사의한 일이 일어났어요. 그것은 실험을 계속하고 있는 사이에, 실험하는 사람이 먹이인 사과를 집으려 한 거예요. 원숭이에게 주려 했을지, 또는 자신이 먹으려 했을지 모르겠습니다. 어쨌든 집었어요. 그러자 그것을 지켜보고 있던 원숭이의 F5 영역의 신경세포의 부위가 똑같이 '발화'했어요. 이 원숭이의 그 뇌에는 극미한 전극(電極)이 들어오고 있었기 때문에, 전류(電流)가 흐르고 있는지 아닌지를 알 수 있었는데, 그 부위가 크게 반응한 것이지요. 방금 말한 것처럼 원숭이 자신이 먹이를 집을 때 관계하는 신경 부위 F5 영역이 발화한 것이었습니다.

그러면 그 실험하고 있는 사람의 물건 집는 행위를 그 마카크원숭이는 자신의 뇌 속에 재현하고 있다고 말해도 좋겠지요. 즉 자신이 집을 때 발화하는 뇌의 부위, 거기가 자신이 아닌 사람이 집었을 때도 똑같이 발화하고 있다는 것이지요. 이것은 미처 리촐라티도 생각해본 적 없는 것이라서 처음에는 그 의미도 알지 못한 채 지나치고 있었습니다. 그러니까 1990년대 'nineties'라고 쓰고, 발견의 해를 몇 년이라고 쓸 수 없었던 것은 바로 그 때문이었지요. 그러다가 이 중요한 의미를 차츰 알게 되자 마침내 그것을 '미러 뉴런'이라고 이름을 지었어요.

이 현상은 원숭이가 특히 물건을 집어 들 때의 '행동'에 한정되어 있었어요. 거기서 시작된 것입니다만, 그것이 단순한 행동이 아닌 감각에 있어서도 똑같다는 것을 말할 수 있습니다. 게다가 원숭이뿐만 아니라 인간에게도 해당된다는 것을 알기 시작한 것이지요. 예를 들면 누군가가 이마를 '탁' 치는 것을 보고 있으면 보고 있는 사람의 이마 부분에도 무엇인가 근질거리는 느낌이 든다는 거예요.

크리스천 케이서스(C. Keysers)라는 학자가 들고 있는 사례는 제임스 본드의 이마에 거미가 들어오는 것을 영화로 보고 있으면, 그것을 보고 있는 사람 자신의 이마 역시 근질거림을 느끼는 것이라는 뜻이지요. 그러니까 센세이션(sensation)의 장면에서도, 감각의 장면에서도 원숭이에게 일어난 듯한 것이 일어납니다. 인간에게도 똑같은 것이 성립한다는 것을 다음 단계에서 알기 시작한 것이지요.

단 그것이 일어나는 것은 F5 영역이 아니라, 두정엽(頭頂葉)의 40 영역입니다만, 장소로서는 크게 떨어져 있지 않습니다. 대체로 대응하고 있는 곳이지요. 두정엽의 40 영역의 뉴런으로서 그런 똑같은 미러 뉴런의 반응 역시 행동에 있어서도, 감각에 있어서도, 그리고 '정서

(emotion)'에 있어서도 일어나고 있다는 것을 방금 말한 케이서스가 2009년에 「미러 뉴런—우리는 자연에 따라 윤리적이라는 것인가?(ミラーニューロン—われわれは自然にとって倫理的であるのか)」"Mirror Neurons: Are We Ethical by Nature?"라는 논문에서 논하고 있습니다.

이 사람은 아직 젊은 신경생리학자로서 리촐라티가 있는 파르마 대학에서 미러 뉴런을 연구하고, 지금 네덜란드의 흐로닝겐 대학(university of Groningen) '신경이미징센터(Neuro Imaging Center)'에서 소장을 역임하고 있습니다. 이 논문은 젊은 과학자들이 지금부터의 과학의 미래를 논한 논문집 『다음에 무엇이 일어날까?(次に何が起るか)』(What's Next?, 2009)에 실려 있습니다. 이것은 타치키 교수로부터 빌려 읽은 것인데, 매우 좋은 논문으로서 '미러 뉴런'의 특질을 상당히 잘 척출(剔出)하고 있습니다.

케이서스는 '미러 뉴런'을 정의하고 "We call such neurons mirror neurons, because through them the motor activity in the brain of the monkey the actions of others(그것에 의해 자신의 뇌 속에 운동 활동성이 타자의 행동을 비추어내는 것)."이라고 말하고 있습니다. 나아가 타자의 행동(behavior)뿐만 아니라 감각(sensation)이나 정서(emotion)까지도 찍어낸다고 합니다. 이것은 최근 신경심리학에서 상당히 큰 발견으로, 지금까지의 윤리학이 충분히 해명할 수 없었던 것, 다윈도 물음표를 붙이고 있었던 것이지요. 다윈도 "왜 그렇게 될까? 거기까지는 알지 못하겠지만."이라고 쓰고 있습니다. 드 발도 그들이 "서로 도와준다."라고 말하고 있지만, "왜 그것이 가능한가, 그 원인을 알지 못하겠다."라고 쓰고 있어요. 그런데 그것을 해명하는 실마리가 '미러 뉴런'이라는 것입니다. 그것을 실질적으로 나타낸 것으로서 '타자 이해'의 과학적 근거가 얻어졌다고 생각하는 것이지요.

그러니까 '미러 뉴런'을 알기 쉽게 말하면, '타자의 의도나 기쁨이나 슬픔을 자신이 직접 이해하는 수단을 부여하는 것', 이렇게 말해도 좋겠다고 생각하는 것이지요. 즉 타인은 괴로워하고 있습니다. 괴로우니까 '누군가가 나에게 무엇인가 해주었으면' 하고 말하는 듯한 행동을 볼 때, 자기 자신이 괴로울 때 자신의 뇌에서 '발화'하는 부위가 바로 '발화'하기 때문에, 타인의 '무엇이라고 말할까' 하는 그런 심적 상태를 자신의 것으로 한 번 더 다시 느끼고 있습니다. 미러 뉴런을 통해 다시 느끼게 되어 있습니다. 그러니까 '동정'이라든가 'empathy'의 본질은 여기에 있는 것으로서 '우리는 자연에 따라 윤리적인가?'라는 케이서스의 물음이 나오는 것인데, 이것에 대한 대답은 '그렇다'라는 것입니다. 그것은 '미러 뉴런'에 의해 가능합니다. 결코 초월적인 것이 아닙니다. 그것은 동물과 이어져 인간까지 관계하고 있습니다.

케이서스가 들고 있는 사례를 하나 다루어봅시다. 배고픈 두 사람이 있다고 합시다. 먹을 것이 있고, 그것을 자신이 가지고 있습니다. 상대는 가지고 있지 않아요. 그것을 자신만 전부 먹어버릴까, 아니면 상대에게 조금 나누어줄까 할 때, 전부 먹어버리려는 선택이 하나 있겠지요. 다른 사람 따위는 상관없어, 나는 살아남아야 하니까 전부 먹어버리자고. 조금 나누어주면 언젠가 보답해줄지 모르지만, 그것도 확실히 기대되는 것은 아니야, 그러니까 전부 먹어버리는 일이 있을 수 있습니다.

하지만 거기서 어떤 일이 일어나는가 하면, 예를 들어 상대가 괴로워져서 죽어버렸다고 합시다. 죽어버렸어요. 그러자 그 죽었다는 상태에 대응하는 것이 자신 속에서도 일어나는 것입니다. 타인이 죽었지만, 죽었을 때의 괴로움을 자신 속에 반추(反芻)합니다. 자신의 미러 뉴런이 말이죠. 조금이라도 도와줘서 '와' 하고 기뻐하면, 이번에는 자신의 미러 뉴런이 기뻐하는, 즉 정말로 기쁠 때 발생하는 부위의 미러 뉴런이 'activate' 되는 것입니다.

그러니까 모두 먹어버리는 것이 가장 좋다고는 말할 수 없는 것이지요. 알기 쉬운 사례라고 생각해서 말씀드렸지만, 그런 것이지요. 그러니까 여기서 'empathy'의 본질을 말하고 있는 것입니다. 그러니까 그런 'empathy'라는 것은 말이에요, 인간 속에 뇌 신경적으로 '미러 뉴런'이라는 형태로 심어져 있는 것이라는 것, 이것이 '도덕의 근원'으로 되어 있을 것이라고 생각합니다.

요컨대 '미러 뉴런'이란 타자의 의도나 기쁨이나 슬픔을 자신이 직접 이해하는 통로를 부여하는 것으로서, 지금까지의 철학적 독아론 (獨我論, solipsism)의 윤리적 아프리오리를 뛰어넘는 길을 제시하고 있다고 말할 수 있겠습니다. 그래서 미러 뉴런의 특질로서 좀 더 여러 가지 면을 봐둡시다.

먼저 '학습(learning)'이라는 것입니다. 침팬지가 돌로 쳐서 딱딱한 껍질을 깨는 것 같은 행동을 보여주고, 아기 침팬지는 그것을 지켜보며 학습하는 것입니다. 이 '학습'은 당연한 것이지만, 실은 거기에 미러 뉴런이 활동하고 있다는 것이 중요합니다. 즉 그 행동과 똑같은 행동을 할 때 자신의 미러 뉴런이 발화합니다. 이것을 자신도 하고 자신의 신경으로 익혀가야 한다는 것이지요. 단지 똑같은 행동을 할 뿐만 아니라, 자신이 납득해서 자신의 것으로 만들어야 되는 것입니다. 그렇지 않으면 학습을 할 수 없습니다.

그러니까 '학습'도 그렇고, 지금까지 자주 설명해온 '감정이입(empathy)'도 그렇습니다. 타인의 감정을 어떻게 감지할까? 하며, 그 감정 속에 자신도 들어갑니다. 그리고 그것을 이해하고 공유합니다. 이런 것은 모두 사회 속에서 서로의 관계에서 일어나는 것이기 때문에, 사회가 없었다면 일어나지 않는 것입니다. 이러한 현상에는 모두 '사회성 (sociability)'이라는 것이 중요해집니다. 자신과 타자의 관계 속에서 그런 사태가 일어나 다가오는 것입니다.

여기서 『도덕뇌란 무엇인가?(道德脳とは何か)』(*Hardwired Behavior: What Neuroscience Reveals about Morality*, 2005)의 저자 로런스 탠크레디 (L. Tancredi)의 말을 인용해둡시다. "사회적 상호작용의 촉진에 적합한 미러 뉴런은 타자의 행동 패턴으로부터 사회적 상황에서 어떻게 도덕적으로 행동해야 하는가를 관측하고 학습한다." 케이서스는 "뇌는 윤리적인 것처럼 디자인되었다."라고 말하고, 그것을 '직감적 이타주의 (intuitive altruism)'로 부르고 있습니다.

결국 "자기에게 해주기 바라는 것을 다른 사람에게도 해주십시오." 라는 윤리적 황금률은 기독교에도 있었고, 이슬람교에도 있었고, 불교의 자비에도 있었고, 유교의 인에도 있었습니다. 하지만 어떤 면에서 그것들은 미러 뉴런의 확장이라고도 말할 수 있겠습니다.

근본적으로는 그런 것으로부터 출발하는 것이 되겠습니다만, 인간이 동물과 다른 것은 '말'이라는 것을 갖게 되었다는 점입니다. 이것은 상당히 크게 다른 점입니다. 이것은 다른 영장류에는 없지요. 인간은 이 도덕이나 윤리에 있어서 '말'로써 의논을 하게 됩니다. 그래서 그것을 더욱 확실히 완성해갑니다. 근본적인 토대는 그런 곳에 있다고 해도, 그것에 기초해서 더욱 발전시켜, 그것을 말로써 힘써 배우고 닦아간다는 것입니다. 여기는 다르지요. 즉 오늘은 어디까지나 '도덕의 기원'이란 것을 이야기하고 있기 때문에, 이런 면은 다시 언젠가 충분히 이야기하고 싶습니다. 인간에게는 그런 것이 있고, 이것은 종교와도 크게 관계하기 시작합니다.

마음이란 무엇인가?

지금 여기서 '마음(心)'이라는 것에 대해 저의 새로운 생각 방식을 조금 말해두겠습니다. 우선 마음이 성립하기 위해서는 뇌의 발달, 특히 대뇌신피질(大腦新皮質)의 발달이 없으면 안 됩니다.

즉, 뇌 → 마음 ← 사회 라는 관계로서, 단독으로 뇌의 발달에 의해 성립하는 것이 아니라, 사회 속 집단의 관계 속에서 만들어져가는 것입니다. 그리고 이 사회생활의 발전과 뇌의 발달은 결부되어 있습니다. 이것을 타치키 교수가 논문 속에서 "Brain-Mind-Society system"이라고 썼는데, 이것은 매우 좋은 표현이라고 생각합니다.

마음이라는 것은 도대체 무엇이고, 언제 생겨났는가? 저에게 물으면, 마음도 진화 과정에서 창발한 것으로서 우주의 창발, 생명의 창발에 이어 제3의 큰 창발입니다(우주와 생명의 창발에 있어서는 제2장 〈자기조직계로서의 창발〉을 참조). 마음은 대뇌신피질의 발달과 이것을 자극하는 사회적 집단생활에 의해 생물의 긴 진화의 과정에서 새롭게 나왔습니다. 그것은 6000만 년 전에 포유류와 조류의 출현에 의해 그 근원이 만들어지고, 특히 1300만 년 전 이후에 영장류(靈長類, Apes)의 집단생활 속에서 발달하여 인간에 이르고 있다고 말해도 좋겠습니다.

우주가 탄생한 것은 138억 년 전으로서 생명이 38억 년 전, 그리고 마음이 발생한 것이 6000만 년 전으로서, 인간이 성립한 것은 700만

년 전이 됩니다. 아프리카의 '사헬란트로푸스 차덴시스[36]'가 최초의 인간이라고 하면 말이에요.

마음이 성립하기 위해서는 말이에요, 먼저 '표상(表象)의 성립'이 있어야 합니다. 세계가 보인다는 것이 있어야 합니다. 어떤 거리를 두고 대상이 보인다는 것, 이것은 예를 들어 해파리에는 없겠지요. 이것이 '지각(perception)'입니다만, 이것이 기초가 되어 대상의 '인지(cognition)'라는 것이 일어나며, 인지한 것에 있어서 감정이 발생합니다. '이것은 싫어', '좋아'라는 '감정(feeling)'이 발생합니다. 그리고 그것을 기초로 '하자', '그만두자'라는 '의지(will)'가 생깁니다. 그것이 정확히 일본어로 말하는 '知·情·意(じ·じょう·い, 지·죠우··이, 지·정·의)'에 해당합니다. 이것이 생기고, 그것에 따라 생각합니다. '사고(thinking)'라는 것이 나오지요. 마음이 생각합니다. 무엇인가 A라는 자극이 오면, B라는 결정된 자극으로 반응하는 것이 '조건반사(條件反射)', 이것에 아직 마음이 있다고는 말할 수 없지요. 마음은 자극과 반응 사이에 한 발짝 거리를 두고 생각하고, 다음 첫걸음을 선택해갑니다. 그것이 마음이라고 생각합니다.

도덕은 이렇게 하며 마음에서 성립됩니다. 그것은 결국 사회생활을 잘하는 '규칙(rule)'이라는 것이지요. 그러니까 사회와 상당히 밀접하게 결부되며, 한 사람만의 도덕, 그런 것은 없는 것입니다. 신으로부터 내려오는 것이 아닌, 사회의 상호성 속에서 나오는 것입니다.

그러면 이런 결론이 나와요. 도덕은 종교가 없어도 존재한다고요. 지금까지 모두 도덕의 기반은 종교라고 생각해왔죠. 니토베 이나조 (新渡戸稲造, 1862~1933)는 네덜란드에 가서 "당신의 종교는?"이라는 질

---

36) Sahelanthropus tchadensis, 인간과 원숭이가 분기한 시점에서의 가장 오래된 인간의 화석.

문을 받고, "따로 없다."라고 대답했죠. 그러자 그 사람이 깜짝 놀라 "왜 종교가 없는데도 당신들은 도덕적 생활을 합니까?"라고 의아해했다고 합니다. 거기서 니토베는 『무사도(武士道)』(1900)라는 책을 썼어요. 제 생각으로는 반론해도 좋지 않았을까 싶은데요. "따로 종교가 없어도 도덕은 있어요, 저는 인간으로서 인간 동료의 사회 속에 잘 살고 있으니까."라고, 이렇게 대답했으면 좋았겠다고 저는 생각합니다. 오히려 근원적인 미러 뉴런에 의해 밝혀진 것처럼, 타자 이해의 'empathy'라는 것에 의해 도덕은 성립됩니다. 그러니까 이미 종교 이전에 성립했다고 말해도 좋겠지요. 그것은 타자와의 관계에 대한 이해에서 발생합니다.

그러나 또한 동물과 달라서 조금 전에 말한 것처럼 동물에는 언어가 없어요. 영장류의 침팬지도 보노보도 언어는 없죠. 인간의 윤리 도덕은 언어의 의논에 의해 더욱 깊어집니다. 그것에 의해 더욱 힘써 배우고 닦아가는 거예요. 종교는 언어에도 관계하고 있습니다. 예수가 뭐라고 말했다든가, 부처가 뭐라고 말했다든가 하죠. 이런 것도 대단히 중요합니다만, 그 근원이 되는 무엇이 있지 않은가를 생각해 보지 않으면 안 됩니다. 그러니까 도덕 윤리는 특정 종교의 도그마(dogma, 교리)보다 더욱 깊은 인간 상호의 본원적인 연계에 기초합니다. 이것은 미러 뉴런의 연구에서 밝혀진 것처럼 생물 진화의 결과라고 말해야 합니다.

타자 이해의 근원

왜 미러 뉴런과 같은 것이 이루어지고 있는가, 그리고 왜 그런 '타자 이해'의 통로가 만들어지고 있는가를 깊이 생각해가면, 이것은 '공통의 진화'라는 생각이 있어야 나옵니다. 즉 영장류와 인간은 공통의 조상이 있지요, 거기로부터 생겨나고, 뇌수(腦髓)나 신경의 형성도 거기로부터 나뉘어오는 것에 대응하고 있는 것이지요. 인간 쪽이 미세하게 되어 있어도 명확한 대응은 있습니다.

그러면 처음에 서술한 'evolutionary ethics'라는 것이 되는 것이지요. 이처럼 생각해보면 지금까지의 'individualistic ethics(개인적인 윤리)'—인간을 모두 해체하여 개인이 '만인의 만인에 대한 투쟁(*bellum omnium contra omnes*—Thomas Hobbes)' 속에 있다고 가정하면 모두가 멸망해버리기 때문에, 무엇인가 초월적인 권력자 [이것이 신인 경우도 있으며, 국가나 리바이어던(Leviathan)인 경우도 있습니다.] 를 통해 계약을 맺어 사회나 국가를 만들어간다고 하는 윤리학—거기에는 무엇인가 빠져 있습니다. 보다 인간은 근원적으로 공동체적이라는 것이 중요하고, 인간의 동료를 연결할 수 있는 것, 제 생각으로는 우주적으로 그런 것이 있다는 것입니다. 그러니까 개인주의적인 윤리를 넘어 앞의 토마스홉스(T. Hobbes, 1588~1679)를 향해 자신 있게 말하면, '만인의 만인에 대한 베풂(*subsidium omnium pro omnibus*)'을 기초로 한 공동체적인 'public ethics(공공의 윤리)'의 구축을 향해 가야 합니다.

그러면 도덕은 인간이 존재하는 이상, 그것을 가능하게 하는 사회의 상호관계 속에서 자연히 만들어져 나오는 것이라는 뜻이지요. 마지막으로 결론은 아니지만, 제가 동감하고 있는 말을 인용하고 끝냅시다.

　이것은 앞에서 다뤘던 드 발의 책 마지막 장 「원숭이의 도덕, 인간의 도덕」의 마지막에 인용되어 있는 미국 철학자 존 듀이(J. Dewey, 1859~1952)의 말입니다.

> 　올바름을 다루는 법칙이나 조건은 우주의 한결같은 과정과 관련되어 있다. 자의식(自意識)에서 몸부림치는 고통, 의혹은 유혹과 좌절에 사로잡히며, 그런데도 야망과 성공을 가슴에 품은 인간도 자연을 빚어낸 것과 똑같은 힘에 의해 치켜지고, 지탱되고 있다. 그것을 알았을 때, 정신생활이 확실히 충분한 보장을 얻을 수 있다고 생각한다.

　우주 사이의 모든 것이 그런 식으로 서로 관계를 맺고, 특히 인간사회, 생물사회가 서로 관계를 맺고 살아가고, 타자를 이해하며 같이 살아갈 수 있는 기반을 'ethology'적으로, 'neuroscience'적으로 만들어내고 있다는 것의 첫발을 내딛은 것이 바로 '미러 뉴런의 발견'이었다고 말해도 좋지 않을까요. 그런 의미에서 도덕의 기원을 논하는 데 있어서, 미러 뉴런이 가지는 의의는 상당히 크다고 생각합니다.

제4장

'공공'이란 무엇인가?

새로운 공공

오늘 강연에서는 '공공(公共)이란 무엇인가?' 영어로 말하면 'What is the public?'이지요. 그런 문제를 이야기하겠습니다.

우선 최근의 '공공(公共)'부터 들어가 봅시다. 2010년 9월 26일 자 『아사히신문』에 「새로운 공공의 세기에(新しい公共の世紀へ)」라는 사설이 실려 있었습니다.

즉 지금까지 행정을 재정비하는 수단으로서 두 가지 흐름이 있었는데, 하나는 알고 계신 것처럼 '고이즈미·다케나카 노선[37]'이라는 방향으로서 '작은 정부'입니다. 여러 가지 권한을 관(官)으로부터 민(民)에게 위양하고, 기업 활동을 활발하게 하도록 유도하여 세수(稅收)를 늘려가는 방식이었습니다. 그런데 결과적으로 그것은 엄청난 '격차사회(格差社會)'라는 폐해를 초래했습니다. 현재의 격차사회의 근원을 더듬어 올라가면 사실 거기에 뿌리가 있지요.

그러면 반대로 '큰 정부'를 만들고, 그런 일이 일어나지 않도록 나라가 돌봐주는 복지사회를 국가에서 유지한다는 방식으로 해나가는 방향이 있습니다. 민주당[38]은 그쪽의 방향에 가까운데, 이번에는 중

---

37) 2001년~2005년까지 고이즈미 준이치로(小泉純一郎) 수상과 다케나카 헤이조(竹中平蔵) 경제 재정상을 중심으로 실시한 구조개혁.
38) 民主黨, 고이즈미가 속해 있는 자민당에 이어 정부내각을 구성한 정당.

세(增稅)라는 것이 문제가 되고 있습니다. 증세 부담을 국민에 준다는 것이 문제인 것입니다.

이 중 어느 쪽에도 빠져 있는 개념이 바로 '공공'입니다. 이것이 쑥 빠져 있습니다. 즉 국가가 있으며, 개인이 있습니다. 그사이에 어떠한 타협을 해야 하는가 하는 이야기입니다. 실은 그사이에 '공공'이라는 국가에 의존하지 않고, 개인이 모이고 자주적으로 온갖 사적(私的)이 아닌 공공적(公共的) 이익을 찾으며, 모두에 도움 되는 것을 같이 한다는 것, 그런 것이 전혀 생각되고 있지 않은 것이지요. 이 정부에게 의존하든가, 그렇지 않으면 자기들 스스로가 제각기 다르게 제멋대로 하자는 식의, 이런 구조로 되어 있는 것입니다. 한편으로는 제멋대로 하자고 말하지만, 고용이 없고 실직하며, 곧바로 빈곤도가 차츰 올라가고 맙니다. 다른 한편으로는 국가가 도와줄지 모르지만, 터무니없는 세금 사회가 되어버립니다. 실은 여기 양쪽에 빠져 있는 '공공'이라는 견지에 서서 이 이야기를 하려는 것입니다. 이것은 앞으로 사회의 바람직한 자세에 있어서 극히 중요한 논점이 된다고 생각합니다.

알기 쉽게 구체적인 예를 들어보면, 이번 동일본 대지진(2011년 3월 11일)을 계기로 실은 새로운 공공이라는 것이 태어나기 시작하고 있습니다. 일본에 태어나기 시작하고 있다는 것을 지적할 수 있다고 생각합니다. 원전 사고로 피난을 강요당한 후쿠시마현(福島県) 후타바정(双葉町)의 사람들이 많이 이주한 사이타마현(埼玉県) 카조시(加須市)라는 곳입니다. 이 카조시에는 '앙증맞은 도움의 유대 서포터(ちょこっとおたすけの絆サポート)'라는 것이 나오기 시작했고, 구매 대행이나 병원에서의 수발, 또한 누군가의 손을 빌려야 하는 그들 자신들은 나이를 먹거나, 장애를 안고 있거나, 여러 사정이 있었습니다. 그런 사람들이 상공회가 발행하는 '유대 서포트권(絆サポート券)' 한 장을 500엔(円)에

산 것입니다. 그런 사람들이 한 시간의 서비스를 500엔에 받을 수 있게 되었습니다. 지원하는 서포터는 어떤 사람이었는가 하면, 상공회에 등록한 시민이었지요. 단지 시민이라면 누구라도 좋은 것입니다. 그리고 이 서포트권은 다시 시내 상점에서 구매할 때도 사용되는 것이기 때문에, 지역경제 활성화에도 도움이 되었습니다. 지역 지폐이기 때문에, 그 지역에서 구매해야 하니까 결과적으로 지역경제에 힘을 보태게 되는 것이죠. 서포터도 사람에게 도움이 된다는 정신적인 만족감도 있습니다. 이 만족감은 매우 소중한 것입니다. 그런 상황이에요. 이것은 새로운 공공의 한 가지 예에 지나지 않습니다.

이런 것이 여러 장소에 걸쳐 생겨나고 있습니다. 이번 대진재(大震災)를 계기로 말이에요. 요컨대 정부의 원조 같은 것을 기다릴 필요가 없겠지요. 자기들 스스로 무엇인가 해 나아가는 돕는 조직을 어느 정도의 규모로, 하고 있고, 목적은 여러 가지 다르지만, 그런 것이 생겨나고 있는 현실입니다.

지금부터도 이런 '새로운 공공', 즉 국가도 아니고 개인에게만 기초하는 것도 아닌, 새로운 형태의 공공이 일본에 허다하게 생겨날 것이라고 생각합니다. 그러나 세계적으로 봐도 실은 '공공'이란 사고방식이 상당히 발전하고 있습니다. 가끔 일본에선 이번 진재를 계기로 눈에 보이는 형태로 현실화하고 있는데, 미국이나 독일, 여러 곳에서 '공공'의 문제가 지금 상당히 논의 대상이 되기 시작했습니다.

공공철학

그것은 '공공철학'이라는 이름으로 불리는 경우가 많은데, 오늘 가지고 온 마이클 샌델(M. Sandel)의 『공공철학(公共哲学)』(*Public Philosophy*, 2005)이라는 책은 가장 새로운 것의 하나입니다. 이것은 논문집인데, 매우 잘 쓰여 있습니다. 미국에서의 공공철학이란 무엇인가를 보고 싶다면, 이 책이 가장 좋을지 모릅니다. 치쿠마 학예문고(ちくま学芸文庫)에서 오니자와 시노부(鬼澤忍)의 번역으로 6월(2011년)에 일본어로 출판되었습니다. 비교적 공평하게 잘 쓰여 있습니다. 또 하나, 샌델의 유명한 책으로 『앞으로의 정의에 대해 이야기합시다(これからの「正義」の話をしよう)』(*Justice: What's the Right Thing to Do?*, 2009)가 있어요. 이것은 하버드 대학(Harvard University)의 강의입니다만, 나오는 예에 조금 고개를 갸우뚱하게 하는 것이 있어서 쉽게 받아들일 수 없습니다. 그러나 이런 의논이 나오는 배경이 계속 있었고, 즉 미국에서도 개인주의로 살아가면 안 되게 된 것입니다. 그래서 공공이라는 것을 생각해야 합니다. 미국에서도 개인적 자유주의만은 안 되고, 그렇다고 해서 정부에게 전부 시키기만 해도 안 된다는 것을 알게 되고, 공공의 문제가 상당히 많이 다뤄지게 되었습니다.

또한 일본에서도 사사키 다케시(佐々木 毅) 씨와 김태창(金泰昌) 씨를 중심으로 『공공철학(公共哲学)』(2002)이라는 전 20권의 엄서가 도쿄대학출판회(東京大学出版会)에서 나오기 시작하고, 활발한 의논이 이루어지고 있습니다. 그런 상황입니다.

그러면 이 이야기에서는 도대체 무엇을 말하려는 것인가요. 종래의 일본에서는 무시되었지만, 최근 여러 논의의 대상이 되어 있으며, 미국이나 어딘가에서는 사람들 사이에 큰 논쟁의 씨가 되는 것이 '공공'의 문제입니다. 이 문제에 저 나름의 포괄적인 기초를 만드는 것을 이 강연에서 해보고 싶습니다.

그러기 위해서는 미국에서 이 공공 논쟁의 계기가 된 것이 존 롤스(J. Rawls, 1921~2002)의 『정의론(正義論)』(*A Theory of Justice*, 1971)이기 때문에, 이제부터 이야기하고. 다음으로 그것에 대항하여 예의 샌델이 나오고, 이 '리버럴리즘(liberalism, 자유주의)의 공공철학'에 대한 '커뮤니테리안(communitarian, 공동체주의자)적 혹은 리퍼블리컨(republican, 공화주의자)적 공공주의'를 내세우게 된 논쟁이 생기는 것이니까, 그것부터 시작하겠습니다.

'커뮤니테어리니즘(communitarianism, 공동체주의)'에는 샌델 이외에 여러 사람이 있는데, 그중에서도 무시할 수 없는 사람이 아미타이 에치오니(A. Etzioni)이지요. 에치오니의 이 책은 도덕과학연구센터와 상당히 관계가 있습니다. 왜냐하면 레이타쿠대학출판회(麗澤大学出版会)가 에치오니의 책을 두 권 내놓았습니다. 『다음―선(善)한 사회로의 길(ネクスト―善き社会への道)』(*Next: The Road To The Good Society*, 2002)라는 치바대학(千葉大学)의 고바야시 마사야(小林正弥) 씨의 감역, 또 하나는 『새로운 황금률(新しい黄金率)』(*The New Golden Rule*, 1996) 이것은 나가야스 유키사마(永安幸正, 1941~2007) 씨가 감역하고, 도덕과학연구센터의 많은 여러분들이 번역에 참여하지 않았습니까? 다케우치 케이지(竹内啓二) 씨, 우메다 토루(梅田徹) 씨, 그리고 미즈노 지타로(水野治太郎) 씨도 들어가 있었죠. 그러니까 모든 분들이 협력하고 나가야

스 씨가 매우 좋은 해설을 쓰고 있는 것입니다.

그것을 저의 견지에서 평가해보고 싶습니다. 그리고 미래를 보고 싶다는 것, 이것이 중요한 것입니다. 이렇게 했다가 아니라―지금부터 어떻게 해야 하는가 하는 것도 포함하여 'perspective(바라보는 시각)'를 생각해보고 싶다는 것입니다.

이것은 실은 작년 저의 강연에서 다루었던 '도덕의 기원'의 내용과 이어지는 것입니다. 마지막에 저는 이렇게 말했습니다. 홉스의 '만인의 만인에 대한 투쟁'이라는, 개인주의적 혹은 원자론적 윤리로는 안 되고, 오히려 그것을 대신해 '만인의 만인에 대한 베풂', 그러니까 라틴어로 말하면 "bellum omnium contra omnes"에 대해 "subsidium omnium pro omnibus"라는 새로운 원리를 홉스에 대항하여 내세웠습니다. 그렇게 가야 합니다. 거기에 '공공적인 윤리(public ethics)'라는 것을 처음으로 내세울 수 있다는 것을 말씀드렸습니다.

어떻게 그런 것이 가능한가 하면, 앞 장에서 말한 미러 뉴런 등, 여러 가지가 발견되어 한 사람, 한 사람이 뿔뿔이 따로 흩어지면 안 된다는 것, 이것은 이미 생물행동학이나 뇌신경과학에서도 말할 수 있습니다. 진화론적, 우주론적으로도 말할 수 있습니다. 그런 연대라는 것이 우리에게는 있으며, 거기로부터 공공윤리를 생각해야 한다, 그렇게 마친 것입니다. 그것과 이어지는 것입니다. 그것과 이어 더욱 발전시킨다는 것입니다.

게다가 그 전의 논문 「창발자기조직계로서의 자연」과 「도덕의 기원」은 다시 이어집니다. 왜 그런가 하면, 창발자기조직계의 발전으로 'naturalistic'한 'ethics'를 생각해보자는 것을 말한 것이기 때문에, 무어의 "naturalistic fallacy"가 아니라 오히려 "naturalistic ethics"를 생각하겠습니다. 그러면 어떻게 그런 것이 가능한가 하면, 그것은 최근의 뇌신경생리나 인지행동의 발전에 의해 타자를 이해하는 것의 기반이 밝혀진 것에 의해서입니다. 그 의미에서 타자를 이해하는 것, 이것이 윤리의 출발점이기 때문에, 거기로부터 타자와 연대할 수 있는 것이 생기기 시작합니다. 이렇게 세 강연은 이어지는 것입니다. 오늘 이야기 '공공'은 그 세 번째 사항이 되겠습니다. 그럼 어디부터 이야기를 시작해야 좋을까요?

홉스의 출발점

역시 홉스의 사고방식으로부터 시작하는 편이 좋다고 생각합니다. 홉스에게는 전제가 있었어요. 인간과 인간의, 개인과 개인의 사이에는 어떠한 연계도 없다고 생각한 것입니다. 인간은 뿔뿔이 흩어져 있습니다. 그 뿔뿔이 흩어진 인간이, 그는 '자연권'이라고 말했지만, 이것은 자기보존의 권리입니다, 자기보존의 권리를 갖고 제멋대로 살아가면 서로 다투게 됩니다. 서로 다투고, 방금 말한 것처럼 '만인의 만인에 대한 투쟁'이 되기 때문에, 이것으로는 곤란하지요. 홉스도 그것만으로는 사회를 만들 수 없다는 이유로 개인이 '계약(contract)'을 맺어야 한다는 것입니다. 계약을 맺고, 그래서 그런 권리를 다시 그 위에 받들자고 하는데요. 그것이 '리바이어던'이라는 것입니다. 이것은 국가이지요. 리바이어던은 구약성서에 나오는 거대한 힘을 가진 괴물입니다. 그것을 받든다, 그리고 그 국가의 법에 따르고, 그 계약에 따라 사회생활을 해나간다는 것이죠.

사실 A씨와 B씨가 그런 약속을 했다는 것은 아닙니다. 그것은 어디까지나 하나의 윤리적 상정(想定)인데, 그것을 하고 어떻게든 우리는 사회를 잘 만들며 살아간다는 생각을 한 것이지요. 그것은 어느 초월적인 권력자를 '계약'에 따라 상정하고 국가나 사회를 만들어간다는 것이 근대사회의 성립을 지탱하고 있는 사상의 시작입니다. 나중에는 모두 이 홉스의 생각을 이어받고 변용하지요. 그러니까 이것이 원점에 서 있습니다. 그 이전의 유럽은 그렇지 않았습니다. 신이 아닌 인간 동료의 계약으로 맺어지는 근대사회라는 새로운 구조를 홉스가 그런 식으로 생각해낸 것입니다.

그러면 홉스는 어떻게 그런 것을 생각했을까요? 이것을 다음으로 물어야 합니다. 그러면 거기에 나오는 것이 실은 데카르트라는 인물입니다. 데카르트의 기계론적 자연관이지요. 즉 데카르트의 기계론적 자연관에서는 원자가 뿔뿔이 흩어져 있습니다. 어떠한 관계도 없이 뿔뿔이 흩어져 있고, 그것이 제멋대로 움직여 부딪치거나 무엇인가를 하며, 살아가는 동안에 충돌의 법칙이나 무엇인가로 이 세계가 이루어진다고 합니다. 뿔뿔이 흩어진 원자, 정확히는 미립자의 기계론적 행동으로 세계는 이루어져 왔다는 것입니다.

그러니까 데카르트의 자연학은 뿔뿔이 흩어져 있는 원자의 미립자로 되어 있는 자연이라는 것, 그 운동으로부터 세계가 만들어집니다. 그런 운동으로부터 자연은 만들어져온 것입니다만, 사회는 이러한 자연적 운동이 아니기 때문에 인간의 계약에 의해 만들어집니다. 그러니까 차근차근 보면 17세기에 이루어진 데카르트의 '기계론적 자연관'의 사회판이 바로 '기계론적 사회관'입니다.

실제로 홉스가 그 사회론을 형성했을 때, 그는 영국의 시민혁명, 크롬웰의 시민혁명[39]에서 왕당파라고 간주되어 프랑스로 망명합니다. 10년간이나 프랑스에 있었지요. 그때 『시민론(市民論)』(De Cive, 1642)과 『리바이어던(리바이어던)』(Leviathan, 1651)을 썼지요. 망명 중의 작품입니다. 즉 프랑스에서 썼습니다. 그리고 프랑스에서 어떤 사람과 사

---

[39] 1642~1648년까지 올리버 크롬웰(O. Cromwell, 1599~1658)이 내전을 일으켜 왕당파와 국왕 찰스 1세를 추방한 혁명.

귀고 있었는가 하면, 원자론을 부흥시킨 피에르 가상디(P. Gassendi, 1592~1655)가 그의 친구입니다. 그리고 프랑스에서 데카르트의 기계론을 보급한 마랭 메르센(M. Mersenne, 1588~1648)입니다. 이 메르센과 친해졌습니다. 데카르트는 직접 만났는지 어쨌는지는 모릅니다. 데카르트는 그 무렵 네덜란드에 있었을 것이라고 생각합니다. 직접 만났는지 어쨌는지 모르지만, 하여튼 그런 배경으로 데카르트의 생각을 흡수하고, 그 사회관을 만들었다는 것입니다.

이러한 원자론적인 사회관은 여러 가지 면에서 수정 또는 발전을 이루었는데, 먼저 존 로크(J. Locke, 1632~1704)에게 계승되지요. 로크에게는 홉스에게는 없는 개인의 'property'—개인의 토지소유, 신체, 자유 등—라는 개념이 있었고, 홉스처럼 독재국가로의 귀속은 아니지만, 왕권신수설을 부정하며 정치권력의 기원을 사람들의 합의(consent), 계약(contract)에서 찾은 점은 홉스와 같습니다. 개인주의적 원자론적 사회관에 따르고 있다고 해도 좋겠지요.

벤담의 공리주의

　이러한 개인주의의 입장으로부터 도덕의 원리를 이끌어낸 것으로
서 제러미 벤담(J. Bentham, 1748~1832)의 '공리주의(utilitarianism)'가 생
겨납니다. 이것이 존 스튜어트 밀(J. S. Mill, 1806~1873)에게까지 이어
지죠. 즉 공리주의라는 것을 내놓기 시작한 벤담으로부터 마지막의
밀에게까지 이르는 것입니다. 이 흐름이 계속 다양하게 변용되어 갑
니다.

　즉 로크는 홉스가 생각하지 못한 생산과 토지소유라는 것을 생각
하고, 왠지 시민이 완전히 기계론적이라는 의미를 버리며 자립적으로
다소 변해갑니다. 나아가 데이비드 흄(D. Hume, 1711~1776)의 공공적
이익의 생각도 받아들이고, 벤담의 '공리주의'가 성립합니다. 이것은
무엇인가 하면, 뿔뿔이 흩어진 개개인이 서로 반대되는 두 가지 기본
적 욕구를 갖고 있다는 것입니다. 그것은 '쾌(快, pleasure)'와 '고(苦,
pain)'입니다. '쾌락(快樂)'을 원하고, '고통(苦痛)'은 피한다는 것이죠. 모
두가 그것을 뿔뿔이 흩어져 갖고 있는데, 그 총체적인 조화를 생각하
자는 것입니다. 그러면 어떤 것이 되는가 하면, '최대다수의 최대행복
(the greatest happiness of the greatest number)'을 원하는 것이 됩니다. 이것
이 우리의 행동기준, 이른바 공공윤리가 된다는 것입니다. '최대다수
의 최대행복'. 되도록 많은 사람에게 되도록 많은 '쾌락'을 분배할 수
있어 '고통'은 줄어들게 되는 것이죠.

벤담의 경우는 여기까지 계산한 것입니다. 그것을 '쾌락 계산(hedonistic calculus)'이라고 합니다. 현실적으로는 불가능하지만, 관념으로써 그것을 해본 것입니다. 그러나 반드시 관념적인 차원에 그치지 않고, 벤담은 실제로 '선거법 개정(選擧法改正)'이라든가 '구빈법 개정(救貧法改正)'을 위해 이 '공리의 원리(the principle of utility)'를 이용하며, 이것을 실현하려고 했어요. 공리주의는 그런 공공윤리적인 실천적 의미를 가지고 있었습니다.

밀의 아버지 제임스 밀(J. Mill, 1773~1836)은 벤담의 '공리주의'의 열광적인 신봉자였습니다. 그러나 아들 존 스튜어트 밀은 이것에 대해 언제부터인가 비판적으로 돌아서지요. 단 공리주의를 버린 것은 아닙니다. '공리(utility)'에 대해 그 역시 말했고, '행복(happiness)'에 대해서도 말했는데, 벤담의 이론이 좀 이상하지 않은가 하는 것을 그는 20살 때 깨닫게 됩니다. 그는 상당히 어릴 때부터 아버지에게 특별 교육을 주입당한 사람으로서 13살 때 리카도 경제학40) 책을 읽고 소화했을 정도였죠. 그러나 곧 존 스튜어트 밀은 벤담이나 아버지가 말하는 것이 조금 이상하다며 비판적으로 돌아섭니다.

어떤 곳이 이상한가 하면, 이른바 벤담의 '쾌락'과 '고통', 이것을 계산하고 모두 더한다고 해도, '쾌락'과 '고통'이라는 것은 단순히 양적인 것이 아니라, 개인에 의해 질적으로 다르다는 것을 그는 깨닫습니다. 즉 그의 말을 인용하면 "만족한 돼지보다 불만족한 인간이 낫고, 만족한 환자보다 불만족한 소크라테스가 낫다.", 전형적으로 말하면 이것이지요. 즉 쾌락이라고 말하지만, 인간에 따라 다른 것입니다. 양이 많으니까 낫다[good, 선(善)]는 것은 아닙니다. 소크라테스는 속된

---

40) 데이비드 리카도(D. Ricardo, 1772~1823)가 자유무역을 중심으로 전개한 경제학.

의미에서의 쾌락은 오히려 억제했지요. 그리고 돼지는 그런 것을 하지 않고, 계속 쾌락을 찾아갑니다. 어느 쪽이 좋은가? 거기에는 질적인 차이가 있습니다. 질적인 차이가 있기 때문에, 단순히 양적 계산은 할 수 없으므로 '쾌락 계산'이라는 것은 불가능하다는 결론에 이른 것입니다.

그리고 또 하나, 그것에 의해 '내면의 발견'이라는 것이 있어요. 내부의 발견이라는 것, 즉 벤담은 외부만 보고 있습니다. 그래서 만약 쾌락이라고 해도, 나쁜 짓을 하는 자는 역시 벌해야 한다고 생각하지요. 모두 좋다고는 말하지 않습니다. 그러나 그것은 형벌인가 무엇인가로 가는 생각이라는 것입니다. 어디까지나 외부에서 규제해가는 것이죠.

그러면 존 밀은 어떠했을까요. 내면적인 자기 규제, 즉 '양심의 소리'에 주목했습니다. 맛있는 것을 게걸스럽게 먹으면 쾌락뿐만 아니라, 양심의 소리라는 것이 있습니다. 거기로부터 '동정'이라는 문제가 나오지요. 자기만 좋은 게 아니라, 상대에게도 동정을 베푸는 거예요. 자기의 쾌락만 늘리면 좋지만은 않을 것이라는 거죠. 그런 문제에 부딪혀, 즉 '공리주의'를 내면화하는 것이 되었다고 말해도 좋지 않은가 생각한 것입니다. 그것과 관련해 나오는 것이 '개인의 자유'라는 관념입니다. 자기 마음속의 자유. 어느 쪽을 선택할까요? 돼지의 쾌락을 선택할까, 소크라테스의 만족을 선택할까의 자유입니다. 개인의 자유라는 문제에 있어서는 『자유론(自由論)』(On Liberty, 1859)이라는 책이 있겠지요. 자유론의 고전입니다.

또 '다양성'이라는 것이 나옵니다. 사람에 따라 여러 가지 다르다는 거죠. 좋다고 하는 것, 나쁘다고 하는 것, 모두 사람에 따라 다릅니다. 그럼에도 불구하고 역시 여기에는 '정의(justice)'라는 것이 있습니다. 그런 내면화를 한 바탕 위에서도 역시 개인이라는 것이 있습니다. 여기서도 역시 개인주의적 생각을 아직 이어받고 있다고 생각합니다. 그래도 다양성을 인정한 바탕 위에서 '동정'의 문제나 '연대'의 문제도 나오는 것이 중요합니다.

롤스의 정의론

그리고 밀의 '자유'와 '다양성'의 사고방식을 이어받으면서도 '공리주의', 그것을 부정하는 공공윤리의 기초를 확고하게 한 것이 롤스의 『정의론(正義論)』(*A Theory of Justice*, 1971)이라고 말해도 좋겠지요. 그것은 현대의 문제이지만, 롤스는 '공리주의'를 뛰어넘는 '리버럴리즘의 윤리'를 내세우려 했습니다. 이른바 리버럴리즘—커뮤니테어리니즘의 대립이라고 불리는 리버럴리즘, 그 출발점을 그가 만들었어요. 왜 공리주의가 안 되는가 하면, 역시 공리주의의 사고방식이라고 해도, 많은 강자의 만족이 늘고, 적은 약자의 주장은 무시되기 때문입니다. 공평하지 않은 것이 생기기 시작합니다.

롤스는 '공리주의'를 뛰어넘으려고 '정의'를 논했는데, 다시 '자유'를 주장하며 '다양성'을 인정합니다. 그러니까 밀을 이어받았다는 것이 제 눈에는 생생한데, 그 자신은 별로 그것을 말하지 않습니다. 그는 오히려 칸트의 도덕철학으로부터 시사 받았다고 말합니다. 그 부분은 아직 모릅니다. 롤스는 칸티안[41]이라고 자주 불리지요. 샌델도 롤스에 관해 그를 칸티안이라고 부르고 있습니다. 일본의 강연에서 그렇게 불렀지요.

칸트 윤리학은 여기서 잘 다룰 수 없는데, 『실천이성비판(実踐理性批

---

41) Kantian, 칸트를 신봉하는 사람.

判)』(*Kritik der praktischen Vernunft*, 1788)이 기본입니다. 이것은 의무론적인 것이라고 불립니다. '의무론'은 'deontology'으로서 'deon'이라는, '해야 한다', '있어야 한다'라는 그리스어로부터 온 것이죠. '그렇게 해야 할'이 제일 먼저라는 것입니다. 그러니까 '정(正, right)'이라는 것이 제일 먼저 있고, '선(善, good)'은 그다음이라는 것입니다. 그러니까 '정'이 '선'에 앞선다는 거예요. 이것이 'deontology(의무론)'라고 말해도 좋다고 생각합니다. 롤스의 의무론적인 생각은 칸트로부터 받아들였다고 생각해도 좋겠지요.

그러나 어떻습니까? 칸트의 저작 전체를 잘 읽어보면, '정'이 '선'에 우선하고 있다고 칸트는 어디에서도 말하고 있지 않습니다. 칸트의 도덕론은 처음부터 '선'을 문제로 삼고 있습니다. 도대체 '선'을 문제로 생각조차 안 하고 어떻게 '정'이 논해질 수 있는가, 이상하지 않습니까? 이 점에서 롤스는 약간 칸트를 오해하고 있었던 거에요. 그것을 보고 정정하지 않는 샌델도 이상하지요.

그러나 하여간 '공리주의'를 극복할 때 칸트의 '아프리오리즘[apriorism, 선험주의(先驗主義)]'이 아쉽지 않았을까요. 즉 직접적인 경험 세계에 관계되어 윤리가 나오지 않는다는 것을 말하고 있는 것입니다. 공리주의는 일종의 경험주의이기 때문이지요. 아마 롤스는 공리주의의 경험주의를 극복하기 위해 칸트를 다루는 것 같습니다. 즉 공리주의는 결국 공정(公正, fairness)을 계속 유지할 수 없습니다. 그러니까 '공정으로서의 정의', 이것이 롤스의 『정의론』의 제일 정면에 나오는 것입니다.

여기서 롤스의 여러 주장을 다루기 전에, 그의 정의론의 내용을 간단히 설명해둡시다. 그의 책 『정의론』은 최근 일본어 역으로 나왔는데 두껍습니다. 이것을 간단히 2가지 원리로 환원합시다. 환원한다고 말하지만, 제가 환원한다는 것이 아니고, 그 자신이 그렇게 말하고 있는 것입니다. 결국 그의 '정의론'은 다음의 원리에 기초합니다. 그것에 의해 공리주의를 극복한 '리버럴리즘의 윤리'가 세워진다고 합니다.

제1원리는 "각 개인은 평등한 기본적 자유의 가장 광범위한 제도라는 틀 속에서 대등한 권리를 계속 유지해야 한다. 단 다른 사람들의 자유의 동일한 제도적 틀과 양립 가능한 것이 아니면 안 된다." 여기에서 먼저 '자유'가 나왔습니다. 밀이 말한 개인의 '자유'가 나온 것이지요. 그 자유로운 권리는 타자에게도 동일하게 인정되어야 합니다. 그런 평등한 권리여야 합니다. 즉 자기만이 자유라고 말하는 것이 아닌, 다른 사람들도 자유의 권리를 갖는 것이죠. 그러니까 '다양성'이라는 것도 여기서 이어받고 있습니다. 의견이 일치한다든가, 일치하지 않는다든가 그런 문제는 아니에요. 어떠한 것을 개개인이 올바르다고 할까, 올바르지 않다고 할까 하는 것은 여러 가지 다르지만, 그 내용은 여기서는 묻지 않습니다. 그것을 말하면 다른 것으로부터의 강제가 되어버려, 사실은 자유가 아닌 것이 됩니다. 자기는 이렇게 생각한다는 것을, 누구도 자유롭게 가져도 좋다는 것을, 먼저 제1로 말하고 있는 것입니다. 이것이 제1원리로, 이것을 '자유원리'라고 말해둡시다.

제2원리는 다음과 같은 것입니다. "사회적·경제적 불평등은 다음과 같은 두 조건을 채우도록 편성되어야 한다──(a) 그러한 불평등이 각 개인의 이익이 된다면 무리 없이 예기(豫期)할 수 있는 것, (b) 전원에게 열려 있는 지위나 관리직에 부대(附帶)하는 것."

조금 의미가 확실하지 않은 (a)는 나중에 다음과 같이 고쳐 말합니다. "그러한 불평등이 정의에 맞는 저축원리와 수미일관하고, 가장 불우한 사람들의 최대의 편의를 도와줄 수 있도록"이라고요.

　제2원리는 그런 자유로운 개인이 사회를 만들고 있는 것으로, 거기에는 자유와 불평등이란 것이 생겨납니다. 이것은 없애려고 해도 없어지지 않아요. 그것은 인정합니다. 능력, 재산, 운 등 여러 가지가 있어서 불평등은 있지만, 그 불평등은 다음의 경우에만 허용되는 것입니다. 즉 그 불평등이 만인의 이익이 되는 것으로 기대되는 한도에서만 그 불평등이 사람들의 이익이 됩니다. 특히 (a) 정정판에서는 그 불평등이 "가장 불우한사람들의 최대의 편의에 도와줄 수 있도록" 되어야 한다고 말합니다. 이것은 롤스의 정의론의 매우 재미있는 부분입니다.

　그런데 제2원리에는 또 하나의 조건 (b)가 있고, 그것들의 불평등을 만들어냅니다. 지위, 관리직에 오를 가능성이 만인에게 열려 있어야 합니다. 즉 특정 사람들만이 누리고 올라가는 식으로 되지 않으며, 자유 경쟁이라든가 뭘까, 어떤 지위나 관리직에 오르기 위해 길이 누구에게도 열려 있습니다. 그것에 의해 불평등이 생기지만, 그것은 누구라도 시도할 수 있습니다. 특별한 사람들만이 보호받고, 그 사람들만이 신분이 높아져 가는 사회 시스템은 안 된다고 말하고 있는 것입니다. 이것을 '격차원리'라고 하지요. 격차를 인정해도, 거기에는 조건이 있지요. 그것은 격차가 사회에 이익을 가져온다는 것, 다시 말하면 "이 세상 속에서 제일 약한 사람들, 불이익을 받는 사람들의 불행을 최소한으로 억제하도록 해야 한다." 그러니까 불평등이 있다고 해도, 그 불평등이 이러한 조건을 채워야 한다는 것입니다.

　그러니까 자기는 이만큼 능력이 있기 때문에, 아무리 돈을 많이 벌어도 좋지 않은가라고 생각하고, 다른 사람은 불행하게 되어도 능력이 없기 때문에, 또는 운이 없기 때문에 어쩔 수 없다고 말하면 안 된다고 제2원리는 말하고 있는 것입니다. 격차는 있지만, 격차에는 이런 조건이 따르는 것입니다.

이 제2의 원리 (a)는 굉장히 재미있다고 말할 수 있는데, 그 이유는 대체로 재능이라든가, 무엇이라든가 하는 것은 우연적인 것이라고 말하기 때문입니다. 자기가 태어날 때의 우연적인 것, 그러니까 그 사람의 것이라고는 말할 수 없지요. 그 능력, 사회에서 여러 가지 활약하는 능력, 그 능력은 이른바 사회의 재산으로서, 반드시 개인의 것은 아니다. 그러니까 '사람들의 이익이 되도록' 활동해야 한다고 하는 것이지요. 이것은 굉장히 재미있습니다. 꽤 독창적인 사고방식입니다. 재능은 개인의 것이 아니라는 것, 사회의 재산이라는 것. 그러니까 이러한 형태의 격차원리가 나오는 것이 아닌가 생각합니다.

제2의 원리 (b)에 있어서는 그런 불평등을 만들어내는 지위, 관리직에 취임하는 가능성이 만인에게 개방되어 있다고 말하지만, 대체로 지위라든가 관리직은 사회의 '역할(roles)'입니다. 불평등이나 높다, 낮다 하는 것이 아니라 각각의 역할이라는 것입니다. 회사에는 사장이 있고, 과장이 있고, 사원이 있는데, 이것들은 각각의 역할이라는 것입니다. 각각 그 역할을 다하고 있습니다. 이 '역할'이라는 개념이 롤스에게 쏙 빠져 있다고 말하면, 그것을 기분 나쁜 농담이라고 할 수 있을까요. 저는 지위, 관리직(신분)이라는 것을 생각할 때 '역할'이라는 개념이 들어가야 한다고 생각합니다. 이것을 하여간 불평등이라는 견지에서 생각하는 것만으로는 어떠한가요. 그러나 그런 파악 방식은 인간의 사회 활동에 있어서 모든 방식의 큰 변환을 전제하고 있으며, 롤스의 '사회에 이익을 불러오는 불평등'이라는 파악 방식이 지금으로서는 아직 받아들이기 쉬울지 모릅니다.

다음으로, 제1원리의 '자유원리'로 되돌아가 생각하면, 롤스는 이것을 가정하는 전제로서 '무지의 베일(the veil of ignorance)'이라는 독자적인 상태를 생각하고 있습니다. 개인이 자유롭게 생각한다고 말하지만, 그사이에 자기가 어떠한 사회적 지위에 있다든가, 타인이 어떤 상태에 있다든가 하는, 그런 구체적·현실적인 것을 전혀 모른다고 가정합니다. 그들은 '무지의 베일'에 가려져 있다고 가정한 것이지요. 만약 그렇지 않으면, 그런 현실적 상황에 영향을 받은 자기와 타인의 이해득실 등이 들어와 실로 '자유'롭게 생각할 수 없게 됩니다.

그러니까 '자유원리'의 근거에는 각자가 서로 '무지의 베일' 속에 놓여 있는 '원초상태(the original position)'라는 것이 가정되지요. 이 '원초상태'는 홉스나 록크가 말한 '자연상태'를 떠올리게 하는데, 이것은 그것과 달리 편견을 낳지 않는 공정한 초기상태를 가리켜, 사람들이 호혜적 이익을 모색하는 협동의 틀을 먼저 생각하는 것으로서, 그 틀 안에서 의견의 차이가 나오면 '겹치는 동의점(overlapping consensus)'을 구하고 협력해간다고 합니다. 이 '원초상태'라는 것은 물론 머릿속에서의 가정입니다. 그는 논리를 만들기 위해, 모두를 납득시키는 '리버럴리즘의 윤리'를 만들기 위해 상정하여 말하고 있는 것입니다.

실제로 서로 아무것도 모르는 이른바 진공상태 속에 개인이 있다는 말에는 그런 '원초상태'라는 것이 정말로 있는가라는 반론도 가능하겠지만, 그것은 어디까지나 논리적인 전제입니다. 결국 이것은 법철학의 의논이지요. 그는 정치학자이며, 법학자였습니다. 그러나 그의 지서 『정의론』은 최근의 공공철학의 출발점이 되고 있습니다. 그는 어디까지나 개인으로부터 출발합니다. 그러니까 개인주의적 'atomism(원자론적)' 전통에 서 있지만, 동시에 '공공(公共)'을 생각하려고 합니다. '공동의 공평한 체계로서의 사회(society as a fair system of cooperation)', '자유롭고 평등한 시민(citizen as free and equal person)'이라는 이념적 존재를 근저에 두는 것입니다. 그리고 그것이 원초상태에서의 합의를 얻고—이것도 동시에 이념적입니다만—'공공사회'라는 것이 구성됩니다. 그런 식으로 생각하면, 이 두 가지의 원리는 합리적인 것으로서 받아들여질 것입니다. 이렇게 그는 말하고 있는 것입니다.

그래서 이것을 리버럴리즘의 제1원리를 기초로서 '리버럴리즘의 정의론'이라고 부르게 되었습니다. 이런 식으로 그가 최초에 '원초상태'에 있어서 다양한 개인을 두고, 어느 것이 좋다 나쁘다가 아니라, 그들이 어떤 사고방식을 갖든 자유라는 것을 원리로 한 것은 앞서 지적한 밀의 영향이라기보다, 어쩌면 현대의 상황 내지는 미래의 상황을 생각하고 있는 것인지 모릅니다. 즉 앞으로의 사회는 다양한 'plurality[복수(複數)]'의 사회라는 것입니다. 무엇인가 하나의 원리를 받아 '이것에 따라라' 하는 식으로 살아갈 수 있는 사회가 아니라는 것이 머릿속에 들어 있는 것인지 모릅니다. 여기로부터 리버럴리즘의 공공철학이 나오는 것이 아닐까요?

자유주의 대 공동체주의

다음으로 넘어가겠습니다. '공공철학'의 문제에서 'liberalism' 대 'communitarianism'이 1980년대에 시작되고, 그것에 근본적인 충격을 주며 반론한 사람이 샌델입니다. 하버드 대학의 강의는 명강의로 유명해졌고, 마침내 도쿄 대학에서도 강의를 하며 TV에도 방영된 샌델입니다. 바로 그가 처음 쓴 책이 『자유주의와 정의의 한계(リベラリズムと正義の限界)』(*Liberalism and the Limits of Justice*, 1982)입니다.

이것은 매우 중요한 책으로, 요컨대 롤스의 『정의론』을 한 방 먹였다고 할까, 하지만 롤스도 당했다고만은 볼 수 없었다고 생각합니다만, 상당히 인정할 수밖에 없는 부분도 있었던 것이 아닐까요? 두 사람 모두 하버드 대학의 교수입니다. 동료이지요. 샌델이 까마득히 후배입니다만, 샌델이 하버드 대학으로 옮겨오자 롤스가 즉시 전화를 걸어 "나는 롤스입니다. R-a-w-l-s의 롤스입니다."라고 말했다고 하지요. 샌델을 주목하고 있었던 것이지요.

그는 하버드 대학에 오기 전에 영국의 옥스퍼드 대학(University of Oxford)에서 찰스 테일러(C. Taylor)와 같이 지냈습니다. 요전에 교토상42)을 받은 대학이지요. 테일러는 캐나다 출신인데, 그때 옥스퍼드 대학에서 학생들을 가르치고 있었습니다. 그곳에서 샌델은 유학하고,

---

42)　京都賞, 이나모리(稻盛) 공익재단이 문명과 문화 등에 공헌한 사람에게 주는 국제적인 상.

테일러 곁에서 학위를 취득하고, 하버드 대학에 옮겨왔죠. 그가 오자, 즉시 전화가 걸려왔다는 점에서 전부터 인정하고 있었다는 것이지요. 샌델이 무엇을 말할지 상당히 궁금해하고 있었던 것입니다.

그런데 샌델은 이 책에서 어떤 것을 말했을까요. 샌델에 의하면 롤스의 'liberalism'이 전제하는 것처럼 자유롭고 평등한 개인은 이른바 진공 속에 있다는 것입니다. 자기와 타자의 일은 서로 모르는 '무지의 베일'에 둘러싸여 각각 자유롭게 생각하는 것을 말합니다. 그러니까 롤스의 정의론은 '부담 없는 자기(unencumbered self)'라는 것을 전제로 하고 있습니다. '부담 없는'이라는 것은 어떤 장애도 없는, 어떤 구속도 없는 것입니다. 반대로 구속이 있거나 무엇인가 방해되는 것이 있을 때가 'encumbered(부담을 지다)'인데, 그것이 없다는 것이죠. 롤스는 '부담 없는 자기'라는 입장에 서서 의논하고 있습니다. 그러나 현실의 개인은 태어날 때부터 일정의 가족, 사회, 종교, 국가 등의 특정한 사회적, 문화적 문맥을 갖는 공동체(community) 속에 있고, 거기서의 관습에 따라 규정되며, 그 속에서 자기의 아이덴티티(identity)를 형성해가지요. 진공 속이 아닙니다. 인간은 그런 관계로부터 분리된 추상적, 독립적인 존재가 아닌 것입니다. 따라서 그 정의의 사고방식도 그 공동체가 가진 선의 개념에 관계를 가지고 있습니다. '정'이 앞에 서고, '선'이 뒤에 있는 것이 아닙니다. 역시 먼저 선이 문제가 됩니다. 무엇이 도대체 선인가 하는 것을 왠지 모르게 사회 전체가 생각하고 있지요. 그 속에 자기는 놓여 있는 것입니다. 그 영향을 받아들이고 있고, 이미 완전히 자유라고 말하고 있지는 않지요.

어느 집단 속에 있고, '공공적인 미덕(virtue)'에 대해 무엇인가 관념되어 있고, 그 속에서 태어나고 자라난다는 것입니다. 그런 공동체가 가진 '공공선(common good)'이나 '공공적 미덕'이라고 한 그 '공통 가치'

를 커뮤니티는 가지고 있고, 그것을 먼저 생각해야 합니다. 따라서 정이 선에 우선한다고 말하는 것은 아니지만, 다시 선이 정에 우선한다, 이것도 조금 이상합니다. 저는 선과 정은 하나라고 생각합니다. 선을 문제 삼지 않고 정을 말할 수 없고, 동시에 정을 말하는 것은 그 배경에 선을 말하고 있는 것이지요. 그러니까 이 두 가지는 당연히 결부되어 있다고 생각해야 합니다. 이런 커뮤니티의 특질을 먼저 생각하기 때문에 'communitarianism'이라고 말합니다. '공동체주의'로 번역할 수 있습니다. 이것이 'liberalism' 대 'communitarianism' 논쟁의 시작이 되는 것이지요.

커뮤니테어리니즘

'communitarianism' 속에 보통 샌델, 테일러, 메킨타이어(A. MacIntyre), 왈쩌(M. Walzer), 그 외의 학자가 포함되어 있는데, 샌델 자신은 나중에 '커뮤니테리안'이라고 불리는 것이 싫다고 말했습니다. 이것은 유명한 일화지요. 예를 들어 그의 저서 『공공철학』의 가장 마지막 장은 「커뮤니테어리니즘의 한계」로 마칩니다. 이 책은 상당히 커뮤니테리안적인 의논을 하고 있는데도 불구하고 「커뮤니테어리니즘의 한계」로 마치고 있는데, 왜 그랬는가는 나중에 문제 삼아 봅시다.

다음으로 넘어가서 샌델, 테일러, 메킨타이어, 왈쩌 같은 사람들은 대체로 법학이나 철학을 해온 사람이지요. 이들과 달리 사상적 접근 뿐만 아니라 사회학적 접근 방법으로 커뮤니테어리니즘을 먼저 주장한 사람이 있는데, 그가 바로 에치오니라는 사람입니다. 도덕과학연구센터의 연구원분들이 번역하고 나가야스 씨가 열심히 해설한 『새로운 황금률』이라는 책이지요. 그래서 이 책은 샌델들과 조금 느낌이 다릅니다. 그런 논리적인 것이나 법철학적인 것을 장황하게 말하고 있지 않습니다. 에치오니는 더욱 현실적입니다. 여기서는 『넥스트』의 입장이 아니라, 여러분이 처음으로 함께 번역한 『새로운 황금률』의 입장에서 말하고자 하는데, 상세한 내용은 여러분이 잘 알고 있지요. 그래서 요점만 말하겠습니다.

'황금률'이란 무엇인가 하면, "자기에게 해주길 바라는 것을 다른 사람에게 해주어라."라는 것이지요. 그러니까 이것을 반대로 말하면 "자기가 원하지 않는 것을 남에게 베풀지 말라."[『논어論語』] 「위령공(衛靈公)」—이것은 공자가 한 말인데—는 것입니다. 그것을 본떠 '새로운 황금률'을 에치오니는 커뮤니테어리니즘의 입장에서 내놓고 있습니다.

그것이 어떤 것인가 하면 "당신은 사회에 대해 당신 자신의 자율(autonomy)을 존중하고, 지지할 수 있도록 바라는 것처럼 사회의 도덕, 질서를 존중하고 지지하십시오."— 하는 것입니다. 커뮤니티의 구성원은 사회의 질서와 개인의 자율을 겸비해야 합니다. 이것이 논점입니다.

우선 개인의 자율이 각각 없으면 안 되지요. 그것이 확립되어 있어야 합니다. 그리고 사회의 질서라는 것이 다시 하나 있고, 그것과 무엇을 조화시킨다든가, 혹은 양자의 중간점을 찾겠다든가 하는 듯한 느낌을 가질 수 있게 한다는 것입니다.

여기서 논하고 있는 에치오니의 의논이라는 것은 대체로 찬성합니다. 올바른 것을 이야기하고 있고, 좋다고 생각합니다. 특히 그는 커뮤니티의 존재 의의(意義)를 설명하면서 어디까지나 개인의 자율을 강조하고 있지요. 이것은 매우 중요한 점으로, 리버럴리즘처럼 진공 속이 아니라 문화적, 역사적인 맥락 속에 개인을 놓고 보는 것인데, 그 맥락 속에 놓여 있는 개인은 그 문화적, 역사적인 맥락 속에만 파묻혀 있으면 안 됩니다. 어디까지나 자율적으로 살지 않으면 안 되는 것이지요. 스스로의 감성, 스스로의 보람, 이런 것을 반드시 갖고 있어야 한다는 것은 아무리 강조해도 지나치지 않다고 생각합니다. 그런 점에서 찬성하는 것이지요. 개인의 '자율(自律)'은 스스로 선다는 의미와 스스로 따른다는 의미가 함께 있습니다. 자립과 자율을 말합니다. 그것은 자기의 사고방식을 가지고, 자발적으로 자기실현을 이

룬다는, 이런 것이 한쪽에 있어야 합니다. 또 하나 사회의 규범이라는 것이 있습니다.

그런 식으로 말하면 에치오니의 '사회'와 '자기'는 자칫하면 이원적으로 대립하는 것처럼 보입니다. 그 책을 읽으면 그렇게 느끼지요. 그 사이에 무엇인가 조화를 찾고 있습니다. 어느 쪽도 좋지 않기 때문에, 그 사이의 조화를 찾는다는 것이 '새로운 황금률'이라고 합니다.

그러나 저는 이것이 대단히 중요한 것이라고 생각하지만, '사회의 질서'와 '개인의 자율'이란 원래 배반 관계에 있지 않다. 그러니까 그 사이의 조화라든가 하는 새삼스럽게 그런 것은 필요 없다. '사회의 규범과 개인의 자율은 원래 배반 관계는 아니다', 이것은 중요한 하나의 쟁점 (issue)이 된다고 생각하지만요.

개인은 윤리적, 지(知)적, 혹은 미(美)적인 자율에 있어서 사회 속에서 살아가며, 그것이 그 사회의 바람직한 자세에 동의하고 지지할 만하다고 생각하는 것이 있으면 그것을 유지하고 발전시킵니다. 그것은 당연한 일입니다. 만약 동의, 지지할 수 없는 것이 있으면, 그 사회를 자기의 이상에 맞춘다 한들 제멋대로 하지 않겠지요, 그 커뮤니티의 구성원과 협동으로 서로 의논하고 그것을 개조해가도록 노력해야 하기 때문에, 여기에는 배타적 이원성은 없습니다.

그러니까 에치오니의 그 책을 읽을 때는 무엇인가 이원적인 것이 사전(事前)에 있는 듯한 기분이 듭니다. 두 가지를 놓고 보고, 그 중간점을 찾는 듯한 느낌이 드는 곳에 문제가 있지 않은가 생각되는 것입니다. 에치오니에게는 무엇인가 그런 자기의 주체적 영위와 다른 곳에 사전에 사회의 질서라는 것이 정적으로, 'static'으로 존재하고 있는 것처럼 받아들여집니다. 그러나 자기와 사회는 지금 말한 것과 같은 관계로 동적으로, 'dymanic'으로 결부되어 있고, 분리되는 것은 아닙니다. 따라서 저는 에치오니의 커뮤니테어리니즘은 'static'이고 'dymanic'은 아니었다고 말하고 싶은 것입니다. 사회는 사전에 결정된 것으로서, 이미 거기에 'static'한 것으로서 그 자신이 실체적으로 있고, 자기는 그것에 맞추기만 하고 매듭을 짓는 것이라면, 그것은 결코 건설적인 커뮤니테어리니즘은 아니지요.

샌델이 아무래도 자기는 커뮤니테리안이라고 불리고 싶지 않다고 말한 것은, 실은 이점에 있다고 생각됩니다. 커뮤니티라는 것에 자기가 흡수되어버린다는 것, 이것은 즉 사전에 존재하고 있는 공동체에 자기의 주체성이 휩쓸려버린다는 것이지요. 그런 구속을 싫어해서 샌델은 커뮤니테리안이라고 말하고 싶지 않다고 말하는지 모릅니다. 그러나 이것은 커뮤니테어리니즘의 오해일지 모르지요. 저처럼 커뮤니테어리니즘을 동적으로 생각하면, 그의 반론은 성립하지 않는다고 생각합니다.

그러니까 '부담 없는 자기'라는 것은 없는 것으로, 개인은 모두 '부담'을 지고 있습니다. 사회적으로, 문화적으로, 그리고 종교적으로도 말이죠. 그러나 부담을 항상 서로 음미하고 개선해가는 것이 있어야 하겠지요. 그러니까 부담은 지는데, 그것을 절대적, 고정적인 것이라고 생각하면 안 된다는 것입니다.

샌델의 정의론

　이번에는 샌델에게 눈을 돌려봅시다. 샌델은 충분한가라는 것이지요. 우선 『앞으로의 「정의」의 이야기를 합시다』라는 책, 이것은 하버드 대학의 명강의로서 좋은 평판을 얻은 것입니다. 먼저 이러한 스타일, 즉 학생과 대화·토론을 통해 수업을 진행하는 것은 대단히 좋은 것이지요. 그래서 청강자에게도 참가 의식이 생기고 활발한 수업이 됩니다. 그러나 여기에 나오는 강의의 예에는 조금 고개를 갸우뚱거리게 하는 것이 있습니다. 예를 들어 이런 예가 처음에 나옵니다.

　노선 전차가 브레이크가 듣지 않게 되어 폭주하고 있습니다. 그러자 앞쪽에 다섯 명의 선로공이 노선 수리를 하고 있습니다. 거기서 전차를 멈추려 해도 멈추지 않습니다. 바로 옆에 또 하나의 단선 분기선이 있고, 이쪽에는 한 명이 무엇인가 하고 있습니다. 그때 어떻게 해야 하는가, 즉 정의, 올바른 것은 그대로 가는 것이 좋은 것인가, 아니면 분기선으로 가는 것이 좋은 것인가 하는 것을 말하고 있습니다. 또한 더욱 심한 것은 그 상태를 그 위의 다리에서 보고 말이지요, 옆에 뚱뚱한 아저씨가 있고, 그 사람을 내던지면 노선의 위에 떨어지며, 전차가 움직이지 않게 됩니다. 그것 역시 좋다고는 그는 말하고 있지 않지만, 그런 예가 다루어지고 있는 것입니다. 저는 불쾌합니다. 그것을 읽고, 먼저 그런 예는 불쾌하다고 생각합니다. 좋고 나쁜 문제를 떠나서 기분이 나빠진다는 거죠. 정의를 논하는 것이 아니고, 어떻게 되든 부정의가 되는 것을 논하는 것은 아닌가요?

게다가 '아프가니스탄의 양 사육' 이야기가 나옵니다. 미국 특수부대의 모 이등병이 다른 대원과 같이 파키스탄 국경 근처에서 양을 거느린 아프가니스탄인 농부와 그 자식을 만납니다. 거기서 그들을 죽여야 할까 망설입니다. 만약 풀어주면 그들은 탈레반의 지도자에게 자기들을 알릴지 모르죠. 그러나 농부는 탈레반과 어떤 관계도 없을지 모르기도 하죠. 거기서 병사는 죽이지 말고, 눈감아주는 쪽에 찬성합니다. 결과로서 탈레반 병사에게 습격당해 이 비밀부대는 거의 전멸했습니다. 이 병사의 판단은 옳았던가, 어떤가. 이것도 별로 좋지 않은 예이지요. 양 사육하는 이들을 죽이면 좋았다는 것이 정의론의 대상이 되는 것인가요. 도대체 이런 딜레마에 빠지는 전쟁, 그 자체가 좋지 않은 것이라는 데까지 정의론은 진행해야 한다는 것입니다. 거기서 저라면 손을 들고 이렇게 말했을 것입니다. "교수님이 들고 있는 예는 옳고 그른 것은 제쳐두고 우선 불쾌합니다."라고.

이론은 말이지요, 이치뿐만 아니라 기분 좋은 것이어야 합니다. 올바른 것은 물론이지만 이치만 강조하고 감정이 없어져서 'reasonable(합리적)'이라든가 'reasonable'이 아니라든가 하고 논하는 것은 정의론으로서 무엇인가 이상합니다. 그런 논리로 베트남 전쟁[43]을 논의하면 맞지 않습니다. 그러나 어디까지나 구체적인 예로 논의를 진행하려 하는 샌델의 의도는 알겠고, 그의 책의 결론에서 말하고 있는 공리주의도 아니고, 자유지상주의도 아니고, 공공적 '공통선'에 기초하는 정치가 필요하다고 하는 것은 찬성하고 싶어요. 그러나 '공공선'이 무엇인가 하는 것은 충분히 전개하고 있지 않습니다.

---

43)   1955년부터 1975년까지 베트남에서 자유주의 진영과 공산주의 진영 간에 벌어진 전쟁.

다음으로 『민주제의 불만―공공철학을 찾는 미국(民主制の不満―公共哲学を求めるアメリカ)』(*Democracy's Discontent: America in Search of a Public Philosophy*, 1996)은 최근에 나온 매우 좋은 책입니다. 전반은 미국 헌법의 성립을 논하고 있습니다. 미국 헌법사에 관한 여러 의논을 하고, 거기에 나오는 '공화주의(republicanism)'가 의논되고 있어요. 그러니까 공공철학의 기준이 아무래도 미국 중심적이지요. 미국을 대상으로 하고 있습니다. 자기도 그렇게 말하고 있습니다만, 원래 '공공'이라는 것은 한 장의 널빤지 같은 것이 아닙니다. 미국적인 'republicanism'이 공공철학의 유일한 방식도 아니지요.

'공공'이라는 것은 결코 한결같은 것은 아니고, 시대나 문명권을 달리함에 따라 내용도 변화해가지요. 이 시점이 어디에도 없어요. 이것은 미국의 공공철학을 논한 것이기 때문에 당연하다고 말하면 그렇고, 내용적으로는 뛰어난 저작입니다만, 이것이 샌델에 대한 저의 제2의 불만입니다.

'공공'의 역사

여기서 역사적인 것에 조금 들어가 보고 싶습니다. 문득 생각나서 언뜻 보면, 먼저 그리스의 폴리스 사회에서의 '공공(公共)'이라는 것이 있습니다. 폴리스 사회의 '코이노니아(κοινωνία)', '공통적인 것'이라는 것과 같은 의미로, 이 폴리스 사회의 구성원에게 공통으로 소유되어야 하는 것. 이것이 '공공'이라는 것이지요.

그러면 이 공공에 대한 사적인 것을 말하면, 그것은 '오이코노미아 (οικονομια)'가 됩니다. 자기의 집이라는 것입니다. 물론 중요한 것은 아리스토텔레스가 『폴리티카(ポリティカ)』(Politica)에서 논한 코이노니아입니다. 거기서 '공공선'을 찾습니다. 그것이 무엇인가 하면, '덕(ἀρετή, virtus)'으로서 그것을 추구하고 있습니다. 그러니까 아리스토텔레스는 커뮤니테리안의 원조라고 해도 좋겠습니다.

다음으로 헬레니즘 시대[44]가 되고, 이것을 로마가 이어받으며, 스토아(Στωικισμός, Stoic)의 '자연(lex naturalis)'에 관철된 '공공사회'라는 것이 생각납니다. 이것은 '자연법'이라는 공통적인 것으로 관철된 세계를 말하며, 이것을 '공공'이라고 그들은 생각하고 있습니다. 그리고 서양 중세에 들어가면, 기독교의 사회, '에클레시아(ekklēsia)'입니다.—원

---

44) Hellenistic period, 그리스 신화에 나오는 헬렌(Hellen)에서 유래, 기원전 323~23년까지 약 300년간 그리스 문명과 문화가 절정에 달한 시대.

래 이것은 '모임'이라는 의미인데, 그것이 '공공'의 세계가 됩니다. 이슬 람 세계에서는 '샤리아(Sharīah, 이슬람법)', 이것이 '공공'을 만드는 기초 가 되고 있습니다.

그러면 동쪽은 어떠한가요. 유교의 천(天)에 이어지는 '公(gōng, 공평 할 공)'이라는 개념이 있습니다. 이것에 대해 '私(sī, 사사로울 사)'라는 개 념도 있는데, 이것은 나중에 좀 더 자세히 다루겠습니다. 인도에서는 '달마(dharma, 법)'의 세계라는 것이 '공공'을 만들고 있지요. 일본에서 는 천, 공, 달마와도 관계없이 중국으로부터 들어온 '公'이 '오오야케(オ オヤケ)'라고 훈독되어 '큰 집', 즉 조정이나 국가를 의미하는 것으로 변 했습니다. 그리고 '私'가 '와타쿠시(ワタクシ)'라고 훈독되어 의미가 같이 변했습니다. 이 일본에 있어서. 요전에 도코로 이사오(所功) 교수님이 발표한 쇼토쿠 타이시(聖德太子, 574~622)의 「17조 헌법(十七条の憲法)」의 15조 헌법[45]에 나오는 것이지요. '오오야케'와 '와타쿠시'라는 것이 그 것입니다. 이런 식으로 일본의 '오오야케'와 '와타쿠시'에 대해서도 나 중에 자세히 문제로 다뤄봅시다.

이처럼 시대나 문화권에 따라 의미가 변합니다. 근대 유럽에서는 홉스 이후 그 전통이 계속 이어져가고, 공리주의가 되거나, 자유지상 주의가 되거나, 또는 반대로 커뮤니테어리니즘이 되면서 오늘의 상황 에 이르게 되었습니다. 따라서 '공공'이라고 말하지만, 역사적·문화적 으로 여러 가지 형태가 있어요. 이것을 전부 다루기란 매우 힘든 일 이지요. 도쿄대학출판회의 『공공철학엄서(公共哲学嚴署)』(2001-2001)에 서도 여러 사람이 개별로 논하고 있지만, 그것들을 결합하여 전체를 전망하고 있지는 않아요. 이것은 앞으로의 우리에게 주어진 과제이겠

---

45) 사(私)를 등지고 공(公)으로 향하면 반드시 신하의 도리가 된다(背私向公, 是臣之道矣).

지요.

그러나 그런 '공공'이라는 것에는 문화적 배경이 있다고 말한 사람이 메킨타이어입니다. 그의 저작 『미덕 없는 사회(美德なき社会)』(*After Virtue: A study in moral thory*, 1981)는 그런 의미로 커뮤니테어리니즘의 또 하나의 원천이 되고 있습니다. 이것은 법철학이 아니라 더욱 사상적인 철학서인데, 그리스어의 '아레테(ἀϱετη)', 즉 덕(德)으로부터 시작되고, 그것이 라틴어의 'virtūs'가 되고, 영어의 'virtue'로 변해왔습니다. 그리고 지금 그 '덕'이 없어지고, '미덕이 없는 시대'가 되고 있다는 것이 문제라고 논하고 있는 것입니다.

그러나 다뤄지고 있는 것은 결국 그리스와 서양뿐이지요. 결론으로서 '성 베네딕도의 세계'[46]에 되돌아가자는 것입니다. 이것으로는 현재의, 미래까지 포함한 공공론에는 이르지 못하겠지요. 그러나 명저로서 미국에서 널리 읽히며 커뮤니테어리니즘의 형성에 큰 영향을 준 것 같습니다.

그러나 제가 보면 아주 일부만 다루지 않았나 하는 느낌이 듭니다. 이처럼 문화적인 공공선으로서의 덕의 문제 등을 다루는데, 동서에 걸친 비교사상이나 비교문화의 연구에 깊이 들어오지 않고 있고, 오늘의 지구적 시대의 참된 지침이 되지 못하고 있다고 생각됩니다. 아직 어디에도, 특히 구미에서도 충분히 되고 있지 않고, 결국 유럽 중심의 고찰에 한정되어 있습니다. 이 한계를 뛰어넘으려는 연구가 일본에서 진행되면, 그것은 세계적으로 새로운 큰 공헌이 되겠지요.

---

46)　Ordo Sancti Benedicti, 로마 가톨릭교회의 가장 오래된 수도회.

'공공'이라는 말

지금까지 역사적인 이야기뿐이었는데, 다음으로 '공공(公共)'이란 말의 문제에 들어갑니다. 이것은 영어에서 'public'이라고 합니다. 'the'를 붙이면 'the public'으로서 '공공적인 것'이 되는데, 'public'은 어떤 말로부터 왔을까요? 이것을 근본적으로 이해하지 않으면 안 됩니다. 'public'이라는 말은 실은 'populus'라는 말로부터 왔습니다. 'populus'라는 라틴어의 명사의 의미는 '사람들'입니다.

영어로 말하면 'people'이 되고, 번역 방법에 따라 '인민'이나 '국민'으로 변역되는 경우도 있는데, 근본적으로는 '사람들'의 의미입니다. 원래는 사람들, 라틴어의 'populus'의 형용사가 'publicus'로서, 이로부터 'public'이라는 영어가 나옵니다. '사람들'이라는 것인데, 다시 '공공의'라는 것이 되고, 명사화하면 '공공'을 가리킵니다. 또한 'res publica'라는 라틴어가 있는데, 이것은 '사람들의 것'을 의미하지요. 이것으로부터 '모두의 할 일', '공화정치', '공화국'이라는 의미가 나옵니다.

'public'에 대립하는 것은 'private'입니다. 'public'—'private'의 대응, 'private'가 무엇인가 하면, 이것은 라틴어의 'privatus'로부터 온 것입니다. 'privatus'란 'privó', '빼앗다'는 것이지요. 나쁘게 말하면 '약탈하다'지만 좋게 말하면 '구속으로부터의 자유'가 됩니다. 해방하다라는 의미가 되는 것이죠. 즉 '떼어놓다'라는 의미가 근본 의의예요. 그러니까 그런 사람들과의 집합체로부터 떼어 떨어지기 시작하고 있다는

것이지요, 'private'라는 것은 그래서 '단독'이 됩니다. 이것을 일본어에서는 자주 '私(ワタクシ, 와타쿠시, 나)'라고 쓰지요. 'private use'는 '私用(しょう, 시요우, 사용·사사로운 일)'이라고 말합니다. 그러나 'private'의 원래 의미는 일인칭 의미의 '私'라는 의미를 전혀 갖고 있지 않아요. 따로 떨어져 단독이 되어 있는 형태를 가리키는 것입니다.

'private'는 사람들로부터 따로 떨어져 있기 때문에, 그 사람만의 '비밀의'라는 뜻입니다. 나쁜 뉘앙스뿐만 아니라 떨어져 있는 사람의 'private'한 내면은 중시되어야 합니다. 그것은 사람의 참견을 허락하지 않지요. 타인이 그 속으로 들어가면 안 되는 것입니다. 예를 들어 개개인의 신앙, 이것은 'private'한 것으로, 그 속에 끼어들면 안 됩니다. 그것은 소중히 다루어져야 한다는 이유도 있는 것입니다.

물론 'public'도 상당히 중요하지만. 양쪽 모두 다른 의미로 중요한 것입니다. 'public'은 모두 하나가 되어 모두에게 알린다. 그러니까 'publish(출판하다)'라는 의미도 되지요. 그것도 이로부터 오는 것입니다. 즉 '공(公)'으로 되어 있다, 고지(告知)되어 있다, 모두에게 널리 알려져 있다는 의미도 있는 것입니다. 'publish'와 'publico'라는 라틴어로부터 온 것으로서 '모두에게 알린다', '공지(公知)'의 뜻입니다. 독일어에서 '공공(公共)'은 'Öffentlichkeit'이지요. 위르겐 하버마스(J. Habermas)가 사용하고 있습니다. 독일어로 '공공'은 Öffentlichkeit'이 되지요. 이 경우는 '공지하여 모두에게 널리 알린다', '공개되어 있다'는 의미가 강합니다. 어딘가 'private'로부터는 공개되지 않은, 그 사람 속에 들어 있다는 느낌이지요. 대체로 이 두 말은 그런 근본 의미를 갖고 있기 때문에, 'public'—'private'라는 것을 생각할 경우에는 늘 그것에 입각해서 생각하지 않으면 안 됩니다. 이것을 간단히 '公(コウ, 코우, 공/オオヤケ, 오오야케, 큰집)'과 '私(シ, 시, 사/ワタクシ, 와타쿠시, 나)'라고

일본어로 말하면 사실은 안 되는 것입니다. 그래서 일본어로 논해지고 있는 '공공'에 '새로운'이라는 형용사를 붙여야 되는 이유일지도 모릅니다.

그러면 다음으로 중국의 '公(gōng, 공평할 공)'이라는 말은 무엇일까요? 이것은 후한(後漢, 25~225)의 허신(許慎, 58~148)이라는 사람이 『설문해자(說問解字)』라는 최초의 사전에서 '공(公)'은 평분(平分)이다'라고 썼어요. 공평(公平)하게 나눈다(分)는 것입니다. 이것은 실은 『한비자(韓非子)』[47]의 문서를 다루고 허신이 이렇게 해석하고 있는 것입니다.

그러면 이것에 대해 '私(sī, 사사로울 사)'는 무엇인가 하면, 잘 보아주세요. 좌측의 편(偏)은 곡물의 의미입니다. 禾(벼 화) 편입니다. 이 곡물을 우측 厶(사사 사)로 표현하고 있는 것처럼 둘러싸고 있습니다. 이것은 나의 곡물이라며, 둘러싸고 있는 상태를 가리키고 있어요. 그럼 '公(gōng, 공평할 공)'은 둘러싸인 厶(사사 사)를 나누고 있습니다. 이 위의 八(여덟·나눌 팔)로 나누는 것입니다. 그러자 말입니다. 그 갑골문자[48]는 㕣(공)인데, 이것도 둘러싼 것을 나눈다는 의미로 받아들여도 좋습니다. 그래서 허신의 해석을 살려야 한다고 생각합니다. 그러니까 중국어의 '公'은 이런 식으로 나누고 함께하는 것입니다. 복수의 사람이 함께, 게다가 공평하게 나누는 것입니다. 이것을 방해하고 자기만 가지려 하는 것은 '私'이기 때문에, 이것은 대체로 늘 나쁜 이미지로 중국어에서는 받아들여지지요. 즉 사리(私利)라든가 사욕(私慾)이라든가 하는 나쁜 뉘앙스를 갖고 있습니다. '公'은 함께 공평하게 하

---

47) 중국 전국시대(기원전 403~기원전 221)의 법가인 한비(韓非, ?~기원전 233)가 춘추전국시대(기원전 770~기원전 221)의 사상을 집대성한 책.

48) 甲骨文子, 중국의 고대 시대에 사용되던 일종의 그림문자.

는 것이기 때문에 '公'의 것, 예를 들어 국가의 것, 그런 것을 해야 합니다. 왕은 늘 그런 '公'을 생각해야 했습니다.

그러나 그것은 국가에 한정되지 않아요. 예를 들어 '公司(공사)', 이것은 중국어로 '회사(會社)'의 의미입니다만, '회사'도 모두 함께하고 있지요, 사람들이. 그들은 어떤 목적을 위해 함께 모여 일하고 있습니다. 그런 것입니다. 모두가 함께하는 단체라든가, 그것이 행해지는 장소도 그러니까 '공'이라는 것이지요. 예를 들어 '공원'도 여러 사람이 오고 모두 함께 사용합니다.

이 한자를 일본은 받아들였어요. 그때 '公(공)'을 '오오야케(オオヤケ)'라고 말하고 말았습니다. 또한 '私(사)'를 '와타쿠시(ワタクシ)'라고 훈독했어요. '오오야케'란 무엇인가요. 오오야케(オオヤケ)에서 '오오야(オオヤ)'는 큰 집, '케(ケ)'는 장소입니다. 큰 집이 있는 장소, 이것이 오오야케입니다. 그러니까 어느 나라의 통치자가 있는 곳이지요. 천황가(天皇家)도 물론 '오오야케'입니다. 천황은 아니라도 지방을 지배하는 호족(豪族)도 더러는 '오오야케', 큰 집에서 살고 있습니다.

그 밑에 속해 있는 것이 결국 '와타쿠시(ワタクシ)'예요. '와타쿠시'가 도대체 무슨 의미인가 하면, 아마 '와츠쿠시(ワツクシ)'로부터 온 말일 거라고 생각됩니다. 즉 '츠(ツ)'가 '타(タ)'가 되고, 와츠쿠시(ワツクシ)가 와타쿠시(ワタクシ)로 되었을 것입니다. 오오노 스스메(大野晋, 1919~2008. 일본의 국어학자) 교수님도 이 어원은 모른다고 말씀하셨는데, 오오츠키 후미히코(大槻文彦, 1847~1928) 씨의 『대언해(大言海)』(1932~1937)는 그것을 시사하고 있습니다. '와(ワ)'라는 것은 자기입니다. '츠쿠수(ツクス)'라는 것은 와(ワ)를 극한까지 갖고 간다, 나를 위해 있는 힘을 다한다는 뜻입니다.

'오오야케(オオヤケ)'는 저쪽에 있는 큰 것입니다. '와(ワ)'는 계속 이쪽의 극한에 갖고 간다, 그러니까 어떤 의미에서 이것은 겸양어[49]입니다. 이 겸양어가 동시에 일인칭도 되고 있습니다. '私(シ, 와타쿠시, 나)'가 인칭이 되는 것은 아마 일본어뿐이지요. 중국에서 일인칭은 '私'가 아닌 '我(wǒ, 나 아)'입니다. 그러니까 중국에서 일본으로 들어온 '公'과 '私'라는 말이 일종의 상하관계가 되었고, 더욱이 그 관계가 정치화하고 있었다고 말할 수 있지 않을까 생각됩니다.

그런데 그런 '오오야케(オオヤケ)'와 '와타쿠시(ワタクシ)' 같은 사고방식이 이어져 오고, 국가는 '오오야케'로 자기 자신은 '와타쿠시'와 같은 의미로서 대립하고 있었습니다. 그러니까 일본에서는 '公(공)'이 통치기관에 흡수되어, 오늘날처럼 '사람들과 함께'라는 '공공(公共)'의 의미로는 사용되지 않았던 경향이 있습니다. 그러나 '公'을 그렇게 좁게 한정할 수는 없다는 것이 바쿠후(幕府, 막부) 이후 나타납니다. 그것은 일본이 자기 나라에만 머물지 않고, 격렬한 국제관계 속에 놓이게 되었기 때문이지요. 그런 새로운 상황이 되면서 일본에서도 '공공'이란 말을 꺼낸 사람이 있습니다. 누구일까요. 종래의 '오오야케'의 의미가 아니라, 비로소 '공공(公共)'이라고 말한 것입니다. 그것은 바쿠후 말기에 등장한 요코이 쇼난(橫井小楠, 1809~1869)이 미국의 매튜 페리(M. Perry, 1794~1858)나 러시아의 예프피미 푸탸틴(E. Putyatin, 1804~1883)이 왔을 때,[50] 즉 1853년에 그들에 대해 어떻게 대응해야 할지를 생각하고, 그때 준비한 말이 '천지공공의 실리(天池公共の実理)'입니다. 이것으로 대처하면 안 되었어요. 일본의 사정을 줄줄 말했지만, 그런

---

49) 우리말의 '저', '제'에 해당.
50) 구미 열강이 본격적으로 아시아에 진출하던 시기로 1854년 미일 화친조약, 1855년 러일 화친 조약을 체결.

것만으로 위기를 극복할 수는 없었죠. 그렇지 않고 천지, 즉 세계가 함께 그것에 따라야 하는 공공의 이상이라는 것을 말해야 한다고 믿었습니다. 그러면 저쪽도 설득될 수밖에 없을 것이고 일본도 지킬 것이라고요. 그것이 제일 올바른 대응 방식이라고 말한 것입니다. 그때 처음으로 '천지공공', 이 '공공'이라는 말을 사용했습니다.

'공공(公共)'이라는 말은 『예의(礼儀)』에 확실히 있었다고 생각합니다. 요코이가 이 말을 어디로부터 따왔는가는 모르지만, 그 아이디어는 새로웠다고 생각합니다. 그는 그것을 사용하여 말했습니다. "공공의 도를 가지고 천하를 경륜해야 한다."라고. 그러니까 쇄국을 여는 것은 그런 '천지공공의 리(天池公共の理)'라는 공론, 이것을 가지고 하지 않으면 안 된다, 저쪽은 제멋대로 말하더라도 이쪽은 더욱 그 공통된 진리, '천지공공의 실리(天池公共の実理)'를 말해야 한다고 한 것입니다. 여기에 '공론(公論)'이라든가 '공의(公儀)'라는 것이 나오는데, 바쿠후로부터 메이지(明治) 초기에 걸쳐 하나의 유행어가 되고, 그것이 「5개조의 서문(五箇條の御誓文)」에서 "널리 회의를 활발하게 하여 만사공론에 따라 결정할 것(広く会議を興し万機公論に決すべし)."이라고 된 것이지요. 이 초고를 만든 유리 키미사토(由利公正, 1829~1909)는 요코이의 제자입니다. 그는 후쿠이한[51]의 중심부에서 요코이 쇼난의 교육을 받은 사람입니다. 거기서 가르침 받은 그가 「5개조의 서문」의 초고를 썼어요. "만사공론에 따라 결정할 것". 그러니까 그의 '천지공공의 실리'는 한 나라만의 입장에 집착하지 않고, 각 나라의 '할거견(割據見)'에 대립하고 있습니다. 이 '공공'은 '할거견'과 같은, 즉 자기의 자리를 근거지로 입장을 두고 있는 견해와 반대의 극에 있습니다. 일본도 '할거견'을

---

51) 福井藩, 현 후쿠이현(福井県) 레이호쿠(嶺北).

극복하고 천지공공의 도를 설명함으로써, 그동안 일본의 '公'과 '私'에 관한 생각을 돌파하려 했지요. 그런 사람이 있었다는 것을 잊으면 안됩니다. 이것에 대해 미나모토 료우엔(源了圓) 교수님이 좋은 논문을 쓰고 계시죠. 카루베 나오시(苅部直) 씨가 조금 말을 꺼낸 것 같은데, 미나모토 교수님은 일본 사상사 전문가로서 그것을 계속 조사하고 발전시켰습니다. 이것은 상당히 중요한 일이라고 생각합니다.

'공공'의 미래

현재 다시 '공공철학'이 논해지고 있는데, 이제 슬슬 결론으로 들어가 봅시다. 전에 언급한 토쿄대학출판회에서 나온 사사키 다케시·김태창 편저, 『공공철학(公共哲学)』제1기 전 10권이 완결되었고, 제2기 전 10권도 현재 진행 중입니다. 그 편집위원 중의 한 명으로 이 도덕과학연구센터에서도 발표하셨던 야마오키 나오시(山脇直司) 씨가 계십니다. 이 이야기 가운데 전시의 '멸사봉공(滅私奉公)'이라는 것이 인용되고, 전쟁이 끝나자 반대로 이번에는 '멸공봉사(滅公奉私)'가 되었다고도 말했습니다. 이것들 모두 안 되기 때문에 '활사개공(活私開公)'─이것은 김태창 교수님이 말을 꺼낸 것인데─즉 '나를 살리면서 공을 새롭게 열고 가야 한다'는 것으로서, 야마오키 씨는 이것을 좀 더 전개시키고 있습니다. 야마오키 씨는 '공공철학'에 전부터 대단한 관심을 갖고 우수한 연구를 진행하고 있습니다. 샌델의 번역자이기도 한 고바야시 마사야 씨, 히로이 요시노리(廣井良典) 씨도 치바 대학에 '공공연구센터(公共研究センター)'를 만들고 이 방면의 연구를 더욱 추진하고 있습니다. 일본에서도 독자적인 '공공' 연구가 발전하고 있는 것입니다.

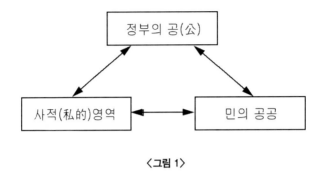

〈그림 1〉

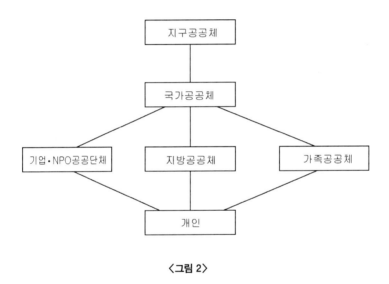

〈그림 2〉

그런데 야마오키 씨는 어떤 책에서 공공철학의 이론적 골격으로서의 사회 현상을 다음과 같이 그리고 있습니다(〈그림 1〉). 여기서 아마 '시민의 공공(公共)'이라는 것을 강조하고 있다고 생각되는데, 그에 대한 저의 그림은 다음과 같습니다(〈그림 2〉).

'개인'이 있습니다. 그리고 나서 '가족'이 있습니다. '가족'은 최소의 친밀 공동체로서 '가족 공공체(家族公共體)'로 이름을 지어둡시다. 그리고 다시 시·쵸우·손[52] 등 그 밖의 '지방 공공체(地方公共體)'가 있습니다. 여기에 '지방'이란 '로컬(local)'의 의미가 있고, 크고 작은 다양한 것이 포함됩니다.

저는 요전 여름에 카루이자와[53]에 있었습니다. 그런데 거기에는 돌계단이 쭉 있었는데, 여름 내내 나뭇가지에 그대로 파묻혀버리고 말았어요. 저는 이것들을 넘어 내려가지만, 다음 사람은 곤란하다고 생각되었어요. 대충 치우면 발이 걸려 여기서 떨어질지 몰라요. 그래서 어떻게든 이것들을 전부 치웠습니다. 조금 고된 노동이었습니다. 그러나 깔끔하게 되어 저 스스로도 기분이 좋았지요. 길이 트이고, 아래에서 바라보니 깨끗하고 안전한 거예요. 왜 이런 일을 하는가 생각하며 스스로 반성해보니까 '아, 이것이 바로 공공(公共)이란 것이구나', '이것이 바로 공공의 의식이란 것이구나' 하는 것을 깨달았습니다.

그러니까 타자를 생각하는 '공공의 의식'이 역시 소중하다고 느꼈습니다. 이것이 일상의 로컬적인 '지방 공공체'라는 것이 됩니다. 지금 국가에서 이른바 '지방'에 여러 가지 권한을 이양하는 것이 문제가 되고 있는데, 이것도 '지방 공공체'를 확실히 만든다는 것과 관계됩니다. 이 위에 '국가 공공체(國家公共體)'라는 것이 있습니다. 국가는 없어지지 않지만, 이것도 '공공체'의 하나의 형태로서 파악해봅니다. '국가 공공체'는 실은 특수한 공공체로서, 다른 공공체가 갖고 있지 않은 것, 외교라든가 징세라든가, 국적 문제를 처리하는 특별한 공공체이지요.

---

52) 市町村, 한국의 시·읍·면.
53) 軽井沢, 나가노현(長野県) 근처의 산간지대에 있는 휴양지.

여기서 중요한 것은, 저는 국가도 '공공체(公共體)'로 본다는 것입니다. 지금 바로 그런 사고방식이 불가능할지 모르지만, '지방 공공체'를 모은 특별한 역할을 가진 일종의 '공공체'라고 파악하는 편이 생각이 유연해집니다. 이 '지방 공공체'에 보살펴주는 사람이 있고, 그들은 이 공공체에 속한 사람들을 위해 열심히 일합니다. '국가 공공체'도 그것과 똑같이 관료라는 이름의 조력자가 있고, 이 공공체를 잘 가꾸어보려고 보살펴줍니다. 보살펴주는 사람은 오래 있어야 하니까, 수상(首相)이라든가 총리대신(總理大臣) 등으로 불리는 사람들이 그들입니다. 이도 '공공체'의 일종이라고 생각해봅니다.

그 위에 '지구 공공체(地球公共體)', 국제연합 등의 'global'한 공공체가 있습니다. '국가 공공체' 위에 '지구 공공체'가 있음을 생각해야 하는 것이 21세기입니다. 일본인도 자기네 '국가 공동체'의 이익뿐만 아니라, 함께 이 '지구 공공체'의 이익도 생각해 나아가야 합니다. 이런 것의 가장 기초에 '개인'이 있는데, 개인이 확실히 자립해야 합니다. 그러나 개인은 원래 타자와의 '공생'을 구하고, '공공'과 결부되어 서로 베푸는 것을 본성으로 하는 것입니다.

또 하나, 남겨둔 '기업'에 대해 다루어야 합니다. 기업도 하나의 '공공체'. '기업공공체(企業公共體)'라고 생각합니다. 지금이야말로 이윤의 최대화만 요구되는 것이 아니라, 세상 사람들에게 도움되는 것을 목적으로 하는 집단이라고 다시 생각해봅니다. 그것은 어느 점에서는 '사회적 기업'이라고 불리는 것에 가까이 다가가는 것이 됩니다. 기업이 요즘 CSR(Corporate Social Responsibility, 기업의 사회적 책임)을 문제로 삼기 시작했는데, 이것은 더욱 적극적으로 CSC(Corporate Social Contribution, 기업의 사회적 공헌)이 되어야 하지 않을까요? 그러면 NPO(National Philharmonia Orchestra, 사회적 활동을 목적으로 하는 비영

리 단체)와의 벽이 차츰 낮아지겠죠. 이처럼 기업도 '공공체'의 일종으로 보고, 그 방향으로 기업의 바람직한 자세를 생각해보았습니다. 즉 '가족', '지자체', '기업', '국가', 나아가 '국제연합'을 모두 '공공체'의 여러 층으로 파악하고, 그럼으로써 아직 그렇게 되어 있는 것이 아닌, 공공론의 미래적 전개로서 제출해두는 구상일 뿐입니다.

마지막으로 이러한 '공공체(公共體)'를 정의해둡시다. '공공(公共)'이란 무엇인가. 공공이란 "개인이 타자의 일을 고려하고 타자와 하나가 되어, 어진 공동체를 실현하려는 사회의 바람직한 자세이며, 그 속에서 각자가 자기의 보람을 발견하는 조직이다." 이것이 '공공' 내지는 '공공체'에 대한 저의 정의입니다. 여기서 주의해야 할 점은 '타자의 일을 고려하고'라고 할 때, '타자' 속에는 '다른 사람'은 물론 '자연'도 포함돼 있다는 점입니다. 이제야말로 '자연'도 '공공'의 일부로 받아들이지 않으면 안 됩니다. 이것은 오늘의 '환경문제'를 생각해봐도 확실하겠지요. 타나카 쇼조[54]가 제창한 "자연공공의 대익(自然公共の大益)", 즉 '자연(산천초목이나 동물들)'도 포함시킨 '환경적 공공주의'는 막 시작했을 뿐 충분히 전개되지 않았습니다. 롤스 대 샌델 논쟁, 그 밖의 논쟁 중에서도 타자는 '다른 사람들'이었을 뿐, '자연'은 전혀 문제 삼지 않았습니다. 그러나 지구적 생(生)의 공동 존립을 위해서는 이 문제도 우리들의 '공공철학'에서 중요한 문제로서 지금부터 다루어야 한다고 생각합니다.

---

54) 田中 正造(1841~1913), 아시오광산(足尾鑛山)의 광독사건鑛毒事件에 대응한 의원.

제5장

'자연' 개념의 동서 비교

오늘 일본경제사연구소[55]가 저를 초대해주셔서 정말 고맙습니다. 제18회 연구회라고 들었는데, 도쿠나가 미츠토시(德永光俊) 소장님께 깊은 감사의 마음을 전합니다.

제가 과학사를 도쿄 대학(東京大学)에서 가르치고 있을 때 많은 분들과 교제를 했는데, 그분들 중에 인도, 아랍, 혹은 중세 라틴 세계, 그리스 학문에 깊이 관여하며 세계적인 수준의 연구를 하시는 분들이 몇 분이나 계십니다. 자신의 연구를 영어로 출판하고 학위를 취득하셨죠. 그뿐만 아니라 제가 외국 학회에 가면 과거에 가르쳤던 제자들의 이름을 가끔 듣곤 합니다. "그는 지금 어떻게 지내고 있나?"라는 질문을 받으면 저도 매우 기쁜데, 쿠수바 다카노리(楠葉隆德) 씨도 그분들 중 한 분입니다. 인도에서 매우 좋은 일을 하다가, 미국의 브라운 대학(Brown University)에 들어가 인도 수학을 연구하고 학위를 취득하여 활약하고 계시지요. 그런 의미에서 저와 친하게 교제하시던 분이 매우 성의 있는 소개를 해주셔서 고맙습니다.

그럼 오늘은 소개한 것처럼『한 단어의 사전—자연(一語の辞典-自然)』(1999)이라는 책, 이것이 저의 가장 최근의 책인데, 이것을 기초로 이

---

55) 日本経済史研究所, 1933년 세계 속의 일본이라는 시점에서 사료 수집, 학술정보 공개, 강연회 개최 등을 통해 경제사 연구 발전에 대한 공헌을 목적으로 설립한 연구소.

야기하려 합니다. '자연(自然)' 개념의 동서 비교라는 것으로, 먼저 그리스로부터 시작하고 유럽으로 가며, 중국으로 갔다가 일본으로 돌아옵니다. 마지막으로 도쿠나가 소장님이 말씀하신 대로, 앞으로의 자연관을 '환경 혁명'과 관계하여 어떻게 다시 생각해야 좋은가 하는 것으로 이야기를 가져가 보겠습니다. 하지만 시간이 제한되어 있기 때문에, 제가 말하는 것의 증거가 되는 다양한 원전(原典)에 대한 상세한 언급은 생략하고, 본질적인 것만을 다루고자 합니다. 그러니까 그런 것들의 증거를 확인하고 싶으면 어딘가에서 이 책을 보시고, 그 나름대로 쓰여 있다는 것으로 양해해주시면 좋겠습니다.

'자연'이라는 말

현재 자연(自然)은 상당히 문제가 되고 있습니다. 특히 환경 문제와 관련하여 인간과 자연의 관계를 어떻게 재구축해야 하는가, 지금까지와 같은 자연관으로 좋은가, 인간과 자연의 관계를 근본적으로 다시 다루어 보는 것이 21세기에 필요하다고 차츰 인식되어왔고, 자연 개념의 재검토가 지금 문제되고 있습니다. 여기서 이 자연 개념이 무엇인가라는 것을 비교문명사적으로 생각해보고 싶네요. 먼저 '自然(しぜん, 시젠, 자연)'이라는 일본어가 무엇을 의미하는가 하면, 이른바 '삼라만상(森羅萬象)'을 의미하지요. 산천초목(山川草木) 모두요. 이것들을 일괄하고 전체를 통일하며 '자연'이라고 부르는 것이지요. 원래 자연이라는 말이 그런 의미를 갖고 있었던 것은 아닙니다. 지금부터 차차 설명하겠습니다만, 이 말은 중국으로부터 들어왔는데, 처음에는 그런 의미를 갖고 있었던 것이 아니었어요.

실은 이 말의 의미는 'nature'라는 영어로부터 나온 거예요. 'nature'의 어원이 'natura'라는 라틴어로, 이 말의 어원은 'physis'라는 그리스어입니다. 'physis'라는 개념이 생겨났을 때, 그렇게 삼라만상을 일괄하는 개념으로 완성되었던 것이지요. 즉 그때까지는 삼라만상을 하나로 표현하는 말은 없었던 것입니다. 예를 들어 그 이전의 고대 오리엔트(Orient)의 단계를 생각해봅시다. 고대 오리엔트는 이집트나 바빌로니아를 가리킵니다. 그런 곳에서는 하늘과 땅, 물을 각각 다른 말로 나타냈는데, 그것들을 통틀어 말하는 말은 없었습니다. 일본도 그랬지요, 예를 들어 산천초목 등으로 말하는 것입니다. 그런 식으로 개별의 독립된 것을 나열합니다. 중국이었으면 산수조수(山水鳥獸)라든가 그런 것을 나열하며, 특별히 그것을 포괄하는 개념이 없었죠. 그런데 그것이 완성된 것은 그리스에 의해서입니다. 그러니까 그리스의 'physis'의 개념은 상당히 중요합니다. 요컨대 우리 모두의 대상적인 세계를 하나의 말로 나타내려 하는 것이 거기로부터 시작되고, 그것이 라틴어의 'natura'가 되고 다시 영어의 'nature'가 돼요. 그리고 'nature'는 지금도 유럽에서 '삼라만상' 전체를 나타내고 있지요.

그것의 번역어로서 '자연(自然)'이라는 말을 만든 것은 사실 일본이지요. 삼라만상 전체를 나타내는 말로 '자연'이란 말을 사용한 것은 일본에서 시작되었습니다. 중국에서는 없었지요. 중국에서는 자연이라는 말이 그런 의미가 전혀 아니었어요. 오히려 '천지(天地)'라든가 '만물(萬物)'이라는 말로 표현하고, 결코 '자연'은 없었습니다. '자연'에 있어서는 물론 노자(老子) 이래의 전통이 있었습니다만, 이 말은 다른 의미였습니다.

그리고 일본에서 'natura'의 번역어, 'nature'의 번역으로서 '자연(自然)'이라는 말이 난학(蘭學)에서 나온 것입니다. 이것도 나중에 이야기하겠는데, 거기에서 '자연'이라는 번역어가 만들어지자, 그것이 반대로 중국으로, 한자 문화권으로 들어가고, 지금은 중국에서도 '自然科學(zìránkēxué, 자연과학)'이라고 하면 삼라만상 전부를 통틀어 가리키는 의미로서 '자연'을 뜻하지요. 이른바 자연과학이 대상으로 하는 세계 전체를 '자연'이라고 말하는 것입니다.

그것을 연구하고 있는 사이에 차츰 알게 되었습니다. 지금까지 그런 것이 별로 확실하지 않았지요. 그러니까 중국에서 '自然(자연)'이란 말이 나오면, 이미 지금의 'nature'의 의미라고 생각하고, 중국의 고전을 잘못 읽는 경우가 상당히 많은 것입니다.

사실은 그렇지 않습니다. 그것은 일본으로부터 들어왔어요. 모택동(毛澤東, 1893~1976) 등이 그것을 사용하게 된 거죠. 그럼 청(淸) 말기의 담사동(譚嗣同, 1865~1898)의 단계에서는 어떠했는가. 전혀 그런 의미가 아니었다는 것도 알게 되었습니다.

그리스의 '자연'

그럼 이야기를 그리스로부터 시작합시다. 여기서의 '자연', 즉 '퓌시스(physis)'는 현재의 '자연'과는 상당히 달랐습니다. 그것은 '피오마이(phyomai)'라는 말과 결부되어 있었어요. 즉 중동태의 '피오마이'라는 말, '태어나다'라는 말의 사상과 강하게 결부된 것이 '퓌시스'입니다. 본래 '퓌시스'라는 말은 동사 '피오(phyō)'에서 유래했는데, 능동태 '피오'는 '낳다', '만들어내다', '자라게 하다', '성장시키다'를 의미하고, 중동태 혹은 수동태 '피오마이'는 '태어나다', '나오다', '돋아나다', '성장하다', '생성하다'를 의미합니다. 결국 어원 '퓌(phy-)'에 추상명사를 만드는 '시스(-sis)'가 붙으면 '퓌시스(physis)'라는 명사가 되는 것이지요.

그러니까 '퓌시스'의 가장 근본적인 첫째 의미는 무엇인가 하면, '탄생'이지요. 태어나는 것이니까. 탄생이라는 의미, 영어로 말하면 'birth'입니다. '성장'. 탄생, 성장, 생성과 같은 의미가 가장 기초에 있는 것입니다. 저는 '퓌시스'란 표현을 가장 오래전에 사용한 예로서 헤로도토스(Hēródotos, 기원전 484경~?)라는 역사가의 말을 인용하여 밝혀두었습니다.

둘째 의미는 탄생, 성장, 생성의 결과로서 그 사물이 갖는 본성, 본래의 성질이라는 의미가 있습니다. 'nature'이라는 영어도 그렇습니다. '자연'과 동시에 '본성' 혹은 '성질'이라는 의미가 있겠지요. 그러니까 그렇게 스스로 성장하고 저절로 갖춘 성질, 상태, 즉 그런 본성,

성질, 상태 같은 것을 의미하는 것입니다.

셋째 의미. 이것은 자연이 갖고 있는 '질서'나 '힘'도 '퓌시스'로 표현합니다. 예를 들어 '카타 퓌신(kata physin)'은 '자연에 따르는'이라는 말인데, 이것은 자연이 만드는 질서에 따른다는 의미입니다. 그러니까 질서라는 것도 누군가가 만든 질서는 아니라는 것입니다. 그러면 이것 역시 원래의 의미로 돌아가, 스스로 성장해오고 그 자체로 자기형성을 이루어온 결과로서 만들어진 질서를 말하는 것입니다. 힘도 그런 것이라고 생각합니다. 자연에 내재하고 있는 고유한 힘, 이것에 있어서는 유명한 히포크라테스(Hippokrátēs, 기원전 460경~기원전 375경)의 '자연의 치유력'이란 말이 있습니다. 히포크라테스는 병은 자연의 치유력으로 다스리는 것이라고 생각했는데, 자신이 자신을 다스리게하는 것이지요. 그 치유력을 '퓌시스'라고 했습니다.

나아가 넷째 의미에는, 이른바 그리스의 지수화풍(地水火風) 혹은 원자와 같은 그런 자연의 구성요소를 '퓌시스'라고 말했습니다.

그런데 이렇게 다양한 의미로 분화, 발전한 '퓌시스'라는 말이 처음에 말한 것처럼 자연계(自然界)의 삼라만상, 즉 전부를 통일하는 개념으로 사용되기 시작한 것은 언제부터였을까요? 이것이 문제가 되는 것입니다. '퓌시스'라는 말이 반드시 그리스에서 처음부터 삼라만상을 총괄하는 의미라고 생각되었다고 말하면 이것은 틀린 말이에요. 이제까지 말한 것은 본래의 의미이기 때문에, 그것으로부터 차츰 완성되어온 것입니다. 그 시기는 기원전 5세기경이라고 생각되는데, 아르키타스(Archȳtās, 기원전 430~기원전 365)나 에우리피데스(Euripídēs, 기원전 485경~기원전 406경)라는 사람들의 예가 있습니다. 여기서 '만물의 자연(physis pantōn, 퓌시스 판톤)'이 생기고, 그 이후에 '전체의 자연(physis holōn, 퓌시스 홀론)'이라는 말이 생기는데, 이것은 '퓌시스' 뒤에 '만물의'나 '전체의'를 의미하는 '판톤(pantōn)'이나 '홀론(holōn)'이라는 말을 뒤에 붙인 것입니다. 그리고 우주 전체의 대상적 세계를 '퓌시스'로 생각하고, '퓌시스 판톤'이나 '퓌시스 홀론'이라고 말하기 시작하며, 그 사이에 '판톤'이나 '홀론'이 떨어져 '퓌시스'만으로 자연 전체를 통괄하는 말로서 기원전 5세기경에 완성된 것이라고 생각됩니다.

그렇게 완성된 '퓌시스'는 어떤 개념으로 정착되었는가 하면, 그것을 확실히 이룬 사람이 기원전 4세기의 아리스토텔레스(Aristotélēs, 기원전 384~기원전 322)입니다. 그 이후에 어떻게 이것을 정의했는가 하면 '자기 안에 운동의 원리를 갖는다'—그리스어로 '아루케 테스 키노세오스(archē tēs kīnēseōs)'라고 말했는데, 자신 안에 운동의 원리를 갖고 있다는 것입니다. 이 운동이라고 말하면, 지금 여기로부터 거기까지 움직이는 듯한 위치 운동을 가리키는데, 아리스토텔레스의 운동은 그뿐만이 아닙니다. 성질의 변화라든가, 큰 것이 작아지는 양의 변화라든가 하는 그런 여러 가지 변화를 전부 포함한 변화 일반을 '키노세오스(kīnēseōs)'라고 말한 것입니다.

요컨대 그런 생성 변화의 원리·원인을 자신 안에 갖고 있는, 자기 자신 안에 운동의 원리를 갖는 것, 그렇게 정식화된 것입니다. 그러니까 삼라만상 모두는 자기 자신 안에 능동성이 있습니다. 살아 있는 나무라면 단지 나무여도 좋지만, 생성발육(生成發育)하며 살지요. 그것을 아리스토텔레스식으로 말하면 '형상'이라는 개념과 결부되는데, 요컨대 나무다워지는 것입니다. 하나의 나무 형태를 실현하는 것입니다. 그렇게 내재적인 힘을 자신 안에 가지고 있는 것, 모든 것이 자신 안에 생성 발전의 원인을 갖는 것이라고 생각하게 되었습니다.

따라서 일종의 생명체로서 자기 자신 안에 그 변화의 원인을 갖는 것이기 때문에, 죽은 자연이 아닌 것입니다. 자신 안에 그렇게 되는 원인을 가지고 발전해가며, 그런 형태로 되고 있는 것이기 때문에, 자기 스스로가 내재적·자율적으로 성장, 발전하는 생명의 원리를 근저로 합니다.

그러니까 그것은 데카르트 이후, 근대의 자연과는 상당히 다른 것입니다. 데카르트에 있어서는 나중에 설명하겠는데, 이것은 죽은 자연. 외부로부터 힘이 가해져 처음으로 기계론적, 인과적으로 운동·변화가 일어나는 타율적인 자연입니다. 즉 고대 그리스에서는 외부로부터 다루어지는 그런 능동성을 잃어버린 자연이 아니라, 내부에 생성, 발전의 원리를 가진 생명적 자연이야말로 자연의 원형이었다는 것입니다. 그리스의 '퓌시스'는 그런 자연이었어요.

그런 자연이 인간과 어떻게 관계하고 있었는가 하면, 거기서는 물론 자연이 인간과 대립하는 것이 아니라, 인간도 생명적 자연의 일부로서 그것에 감싸여 있는 것이겠지요. 인간도 하나의 인간이라는 형상을 실현하기 위해 자기 자신 속에 성장, 발전의 원리를 갖고 이런 형성을 이루어오고 있는 것입니다. 그러니까 '퓌시스'의 일부라는 것입니다.

그뿐만 아니라 신도 자연을 초월하는 것은 아닙니다. 기독교 세계에서의 신은 초월하는 존재입니다. 자연을 지배하는 존재 혹은 창조하는 존재이지만, 그리스에서는 그렇지 않았어요. "만물은 신들로 가득 차 있다."라는 타레스(Thalēs, 기원전 624경~기원전 546경)의 말이 있지요. 그리스인은 자연의 근저에 물이라든가, 불이라든가, 무한한 것이라든가 하는 다양한 원리를 생각합니다. 그런 것을 '신적인 것'이라고 불렀어요. 결국 신도 인간도 이 '퓌시스' 안에 결합되어 있었어요. 분열하지 않는 것입니다. 플라톤(Plátōn, 기원전 427~기원전 347)도 우주는 인간과 똑같이 '살아 있는 것', 생명체로 우주를 파악하고 있었습니다. 그런 관계라는 것입니다.

　결론부터 말하면, 그리스인에게 자연은 모든 혼(魂)을 가진 살아 있는 자연이며, 이 점에서 자연과 인간은 친연(親緣)이지요. 인식이란 무엇인가요. 인간이 자연을 인식한다는 것은 '동등한 대상으로서 동등한 대상을 본다'는 것이에요. 인간 안에 있는 불이 밖에 있는 불을 본다든가, 이런 친연한 관계에 있는 것입니다. 신조차 그 속에 조화적인 위치를 점하고 있습니다. 그것을 저는 '범자연주의'라고 합니다. '판퓌시시즘(panpsychism)'이라는 말을 하고 싶은데, 이것이 그리스의 근본적인 자연관이 아닌가 생각합니다.

유럽의 '자연'

그리스의 자연은 이걸로 마칩시다. 그것이 어떻게 유럽 속에 들어가 있었는가. 유럽 속에 들어간다고 말하면, '그리스는 유럽이 아닌가?'라는 질문이 나올지 모르지만, 저는 그리스는 유럽이라고 생각하지 않습니다. 그리스는 유럽과 달랐고, 유럽은 그리스를 고유하게 변형한 것입니다. 상당히 고유한 형태로 변형했다고 생각합니다. 그리고 그리스를 이어받은 것은 유럽뿐만이 아니죠. 비잔틴도 있으며 아라비아도 있고, 다른 여러 지역이 있습니다. 그리스와 유럽은 구별해서 이야기해야 합니다.

어쨌든 '퓌시스'가 로마 세계로 들어갑니다. 로마 세계는 확실히 유럽과 관계가 있겠지요. 그 로마 세계로 들어가면 그리스어의 '퓌시스'는 라틴어의 'natura'가 돼요. 아마 이것은 키켈로(Cicero, 기원전 106~기원전 43)라는 사람이 다양한 술어를 만든 것입니다. 예를 들어 우리는 'element'라는 말을 알고 있지요, 요소. 이것은 'lmn'이라는 자모(子母)의 중간에 모음 'e'를 넣어 'element'라는 말을 만든 거지요. 'element'는 '요소'지요. 그런 용어를 만든 사람이 키켈로입니다. 아마 키켈로가 'tota natura', '모든 자연'으로 무엇인가 전체를 포괄하는 '퓌시스'와 비슷한 말로서 'natura'라는 말을 만들고 있었다고 생각합니다. 그리고 이런 의미로 'natura'를 논한 유명한 책으로는 루크레티우스(Lucretius, 기원전 94경~기원전 55경)의 『자연에 있어서(自然について)』(De *rerum natura*)가 있습니다. 이 책은 그리스의 에피쿠로스(Epikouros, 기원전 341~기원전 271)의 원자론을 라틴어로 전한 것으로 유명한 책입니다. 읽어보면 의외로 생명론적이죠. 유물론이라고 하기에는 매우 생명론적으로, 상당히 그런 생기가 넘치는 세계를 쓰고 있어요. 데카르트적인 죽은 세계와는 전혀 다릅니다.

그런데 'natura'라는 말이 기독교 세계에 들어가면, 여기서 진정한 유럽이 성립합니다. 로마 세계 속에 기독교가 들어와 기독교의 유럽이 생길 때, 'natura'가 상당히 달라지기 시작했다고 생각합니다. 왜냐하면 '판퓌시시즘(범자연주의)'이 무너져버리고, 신이 초월신으로 있는 것인데, 그 아래에 인간이 있고, 다시 그 아래에 자연이 있어 계층적인 질서가 되어버리는 것입니다. 분단되고 있는 것입니다. 그리고 인간이 신을 위해 있는, 그리고 자연이 인간을 위해 있는 것이 되기 시작한 것은 이른바 '판퓌시시즘'의 붕괴라는 상당히 특유한 현상이 일어났기 때문입니다. 이것은 아마 중국에서, 인도에서도 일어나지 않았다고 생각됩니다만, 그것이 여기서 일어납니다.

그것은 현저하게 드러난 계층적, 목적론적 질서이지요. 인간은 신을 위해 있고, 자연은 인간을 위해 있다는 계층적, 목적론적인 질서입니다. 세계의 창조자와 피조물이 명확히 절단·분리되고 있습니다. 계층적 질서가 만들어지기 시작했어요. 또 하나, 초월적인 신이라는 것이 있고, 이 신이 한편으로는 자연을 만들며, 다른 한편으로는 인간을 만들죠. 이 양자는 절단되어 있으니까, 자연과 인간 사이를 연결하는 '유대', 즉 '키즈나'[56]가 없어져 버린 것이지요.

여기서 두 가지를 말할 수 있습니다. 하나는 방금 말한 '판퓌시시

---

56) 絆, きずな. 유대 혹은 인연을 의미.

즘'이라는 것, 즉 '범자연주의'가 무너져 중세 기독교 세계의 신, 인간, 자연의 계층적 분열이 생김으로써, 신은 완전한 초월자로서 자연 속에 내재하는 것이 아니게 되었다는 것입니다. 오히려 그 자연을 모조리 내쫓았다고 말하는 것이 블레즈 파스칼(B. Pascal, 1623~1662)의 "위대한 목신[57]은 죽었다."라는 말이 가리키는 사태라고 생각합니다. 즉 숲의 신은 죽었다. 그것이 17세기의 '과학혁명'의 귀결의 하나인 것입니다.

그리고 인간도 자연의 일부가 아니게 되었어요. 다른 하나는 자연도 인간 못지않게 신에 의해 창조된 것으로서, 자연이 이제는 인간과 전혀 관련 없는 외부의 대상이 된다는 것입니다. 인간은 자연과 동질이 아닌, 그것으로부터 소외되고, 아니, 소외된다고 하기보다 오히려 자연을 뛰어넘어 나오고 그 위에 군림하며, 그것을 지배하는 존재가 됩니다. 여기에 자연을 인간과 완전히 독립적인 무연으로서 객체화하고, 이것에 실험적 조작을 가해 과학적으로 파악하려 하는 근대의 실증주의적 태도의 원천이 있다고 말해도 좋다고 생각합니다.

그렇다고 해도, 중세 기독교가 단번에 이 결론에 도달한 것은 아닙니다. 다양한 우여곡절의 길을 걸어왔습니다. 플로티누스(Plotinus, 205~270)의 '신플라톤주의(Neoplatonism)'처럼 '투 헨[to hen, 일자(一者)]'이라는 신으로부터 지성, 영혼, 자연을 거쳐 질료에 이른다는 '유출(流出)'을 생각한 경우도 있었고, 토마스 아퀴나스(Thomas Aquinas, 1225~1274)처럼 아리스토텔레스의 자연관을 이어받아, 그것을 기독교와 결부시키려 한 경향도 있었던 것입니다. 그러나 결과적으로 근대 유럽은 아리스토텔레스, 토마스 아퀴나스적 스콜라 철학을 부정하는

---

57) 牧神, Pan. 그리스 신화에 나오는 자연 친화적 신.

동시에, 또한 신플라톤주의, 유출에 의해 신과 자연을 연결하는 듯한 자연관을 극복합니다. 이것을 양쪽 모두 극복합니다. 양면 작전이라는 것이지요, 양쪽 모두 부정합니다. 그러니까 신플라톤주의도 탄압당합니다. 조르다노 부루노(G. Bruno, 1548~1600)처럼 사형을 선고받습니다.

데카르트의 자연관

　그리고 근대의 서구적 자연관, 르네 데카르트의 '기계론적 자연관'
이 나오는 것입니다. 기계론적 자연관이 도대체 무엇입니까? 데카르
트가 만들어낸 17세기의 '과학혁명'의 기계론적 세계상이 무엇인가 하
면, 한마디로 자연을 기계로 보려는 것입니다. 그러니까 그것은 자연
으로부터 아리스토텔레스가 생각한 생명 원리—이것은 스콜라 철학
58)에서는 '실체 형상'이라는 어려운 말로 말하고 있습니다만—이것을
전부 제거해버립니다. 생명 원리를 전부 제거해버린다, 목적도 제거해
버린다, 의식도 없다, 생명도 없다, 질도 없다, 그러면 어떻게 되는가
하면, 한결같은 '연장(延長, extensio)'만 남습니다. '연장'이라는 것은,
이것 역시 질(質)을 갖지 않아요. 양(量), 크기만을 가진 단순한 확대
입니다. 이것에 자연을 환원해버리는 것이지요. 상당히 불가사의한
것을 했다고 저는 생각합니다. 그러나 지금까지 대단한 것이라고 전
해져온 것도 사실입니다. 이 연장을 잘게 잘라가면, 그것이 원자 혹
은 분자가 되어가는 것이기 때문에, 원자 혹은 분자라는 것은 형(形),
크기, 운동밖에 가지고 있지 않은 것입니다. 질을 전부 제거해버립니
다. 의식이나 생명을 전부 제거해버려요. 자연으로부터 색과 냄새, 일
체의 질적인 것, 생명이나 의식을 전부 없애버리고 형, 크기, 운동만

---

58)　scholasticus, 11세기 이후, 서유럽 교회를 중심으로 신학자와 철학자 등이 확립한 학문.

가지는 미립자의 집합이라는 식으로 자연을 환원해갑니다. 그리고 그 요소적인 미립자의 운동을 인과적, 수학적으로 파악한 것입니다.

데카르트는 해석기하학을 만든 수학자이기도 했지요. 자연을 해석기하학화했다고 말해도 좋을지 모릅니다. 한결같은 연장으로, 그리고 수학으로 그것을 처리하려 했어요. 이처럼 데카르트도 '자연'이라는 말을 물론 사용하고 있습니다. 프랑스어로 'nature'입니다만, 여기서 진정한 'natura'의 의미와 상당히 달라졌다는 사실을 이제 알게 되지요. 이것도 생명과 어떤 관계도 없습니다. 아리스토텔레스처럼 자기 안에 운동의 원리를 갖기는커녕, 일체의 자율성이 결여된, 스스로 자기 자신을 만들어간다는 자율성이 결여된, 생명적 연관을 잘라버린 죽은 자연이 되었다고 말해도 좋지 않은가 싶어요. 그래서 그것을 '물체(corpus)'라는 명사로 그는 불렀습니다. 그런 것의 연결, 운동에 의해 세계를 설명합니다. 기계는 여러 부품의 집합에 의해 움직이지만, 그것을 유추적으로 생각해갑니다. 이런 것이지요.

그러면 인간은 어떠한가요. 자연은 한결같은 연장이 되어버렸습니다. 기하학적 연장이지요. 이런 것이 되어 있다는 것입니다. 자, 그럼 대상적 세계는 그렇게 한결같은 연장이 되며 탈 생명화 되어가는 것에 대하여 인간은 어떻게 되었는가 하면, 신체는 '연장'이지만, 인간은 그 외에 '사유(思惟, cogitatio)'를 본성으로 하는 '마음(心)'을 갖고 있습니다. 그것은 "나는 생각한다, 고로 존재한다."이지요. 사유라는 것이 연장 이외에 또 하나 있는 것입니다. 하지만 저는 "나는 존재한다."라는 것의 근저에 '나는 느낀다'가 있고, 그 근저에 다시 '나는 살아 있다'라는 근본적인 사실이 있다고 생각합니다. 살아 있는 것이 먼저 있어야 하고, 그 위에 '나는 느낀다'의 감정이 있고, 그것을 정교하고 치밀하게 바꾸면 '나는 생각한다'의 사고(思考)가 됩니다. 먼저 느끼는 것. 느끼기 위해서는 살아 있어야 한다는 것입니다. 생명이 그 근저에 있어야 하는 것임에도 불구하고, 그는 이 세계를 '사유'와 '연장'의 이원론이라는 것으로 나누어버렸어요. 그것을 나누고 연결하는 것이 없어요. '생명'이 양쪽으로부터 탈락해가게 되었다고 생각합니다. 사유와 연장의 이원론의 골짜기로 생명은 빠져갔다고 말해도 좋겠습니다. 이것은 조금 전에 말한 범자연주의가 붕괴하는 것과 상당히 깊이 관계하고 있습니다.

그럼 왜 데카르트는 이렇게 세계를 기계화하고 싶어 했는가를 생각해보면, 기계는 원래 도구가 아니지 않습니까? 데카르트가 자연은 기계라고 말할 때, 물론 그것은 인간의 도구가 아니었어요. 자연은 인간이 만든 것이 아니라, 신이 만든 것이라고 생각하고 있었다는 것입니다. 하지만 어쨌든 그런 무엇인가의 도구였다는 것입니다. 그사이에 차츰 신이 사라져버리자, 계몽사상에서는 인간의 이성이 신을 대체하고 말았습니다. 그래서 인간의 이성에 의한 도구가 됩니다. 『방법서설(方法序説)』(*Discours de la méthode*, 1637)의 제6부 마지막에서 왜 자연을 기계로 보는가 하면, "이성에 의해 우리는 자연의 주인이면서 소유자가 될 수 있다."라고 말하는 것입니다. 자연을 기계화함에 따라 자연을 소유합니다. 인간이 자연을 자기 것으로 만들고 그 주인이 되는 것입니다. 그것을 조작하고 지배해 갑니다. 드물게 그가 본심을 드러낸 곳이라고 생각하지요. 그는 자연 지배를 슬로건으로 내걸진 않았기 때문이죠.

베이컨의 자연관

이것을 명확히 슬로건으로 내세운 사람이 프랜시스 베이컨, 17세기의 '과학혁명'을 대표하는 또 한 사람의 챔피언입니다. 그는 인간에 의해 이용되고 지배되어야 할 자연이라는 새로운 관념을 등장시킵니다. 이 관념은 그리스에는 없었어요. "자연은 복종에 의해서만 지배된다."라는 유명한 말이 있습니다. 이 말은 자주 인용되죠. 이 말은 어떤 의미인가 하면, 이미 인간에게 이질적인 타자가 된 자연, 이것을 인간 제멋대로의 억견(臆見, 자기의 주관적 소견)이 아니라, 인간의 유추가 아니라, 자연 그 자체의 원인을 밝히는 것에 의해 처음으로 그것을 지배할 수 있다는 것입니다. 이런 것이라고 생각합니다. 역시 지배를 목표로 하고 있다고 말해도 좋겠지요.

그리고 또 하나, 여기서 기독교와의 관계에서 말하면 베이컨은 세속적인 사상가라고도 불립니다. 하지만 저는 그렇지 않고, 그는 일찍이 칼뱅이즘[59]의 신앙을 갖고 있었는데, 칼뱅 신봉자인 어머니의 종교적 영향을 깊이 받았다고 생각합니다. 그것이 그의 말 "신의 증여에 의해 인류의 것으로 되어 있는 자연의 권리"에 나타나 있다고 생각합니다. 신의 증여, 선물로서 인류의 것으로 되어 있는 자연의 지배권.

---

59) Calvinism, 프랑스의 종교개혁자 장 칼뱅(J. Calvin, 1509~1564)으로부터 발단한 사상. 세속의 영위를 성화하며 일상의 직업을 중시.

자연을 인간이 지배해도 좋다는 권리를 신으로부터 받고 있습니다. 자연은 인간을 위해 있듯이 신이 정해준다는 거죠. 그러니까 그것을 수행하고, 자연을 지배함으로써 자연 위에 '인간의 왕국'을 만든다는 슬로건을 내걸며, 이것을 실현하는 방법을 만들어가는 것입니다.

확실히 이것은 상당 부분 성공했습니다. 그는 이것에 의해 인류의 비참을 박멸한다고도 말했어요. 그때 유럽은 상당히 가난했기 때문에, 17세기는 결코 영광의 시대가 아닙니다. 당시는 소빙기(小氷期)로 기후도 나쁘고 상당히 기온이 떨어진 시대였기 때문에 유럽 사람들은 돌파구를 찾고 있었어요. 그러니까 신대륙 발견이라든가 하는 것도 그것과 관계하고 있는 것입니다.

그가 목표로 한 것은 확실히 대부분 성공했습니다. 우리는 그의 목표를 현재의 과학기술에 의해 실현했다고 말할 수 있습니다. 지금 확실히 자연 위에 '인간의 왕국'을 만들고 있습니다. 하지만 그것을 지탱하는 자연이 계속 이용되고 착취되며 지배되어서, 지금이야말로 덜컹덜컹 소리를 내며 붕괴하기 시작하고 있습니다. 그리고 그 자연 위에 세워진 '인간의 왕국'도 위험한 상태에 빠져 있는 것이 현재이지요. 이것이 환경문제로, 21세기는 어떻게 할 것인가라는 것입니다. 다양한 예측이 있습니다만, 2050년이 갈림길이라고 하지요. 의외로 가까워요. 파국이 온다고 하죠. 지금과 같은 상태가 계속되면 말이에요. 지금이야말로 그런 기로에 서 있다고 말할 수 있습니다.

칸트 이후

그 후의 일로서 칸트를 잠시 살펴보아야겠지요. 칸트에게 있어서 도대체 자연은 무엇이었는가? 데카르트의 기계론적 자연관이라든가 베이컨의 자연 지배라든가 하는 자연관의 배후에는, 저는 신이 있었다고 생각합니다. 그러나 18세기의 계몽사상에 의해 신이 인간의 '이성'에 의해 대체되고 맙니다. 그러니까 그 계몽의 완성자로서의 칸트는 '자연(Natur)'이란 '모든 현상의 총괄'이라고 말합니다. 이것은 무엇인가 하면, 칸트에게 자연과학이 문제 삼고 있는 것은 모두 'Erschei-nungen(현상)'입니다. 이 현상은 실은 주관의 카테고리가 구성하는 것입니다. 그런 인간 오성(人間悟性)이 갖고 있는 카테고리, 이것으로써 자연을 정립해간다고 말합니다. 그러니까 역시 인간 측에서 자연을 총괄하는 것이 근본에 있다고 생각합니다.

나아가 서남독일학파(신칸트학파의 하나)라는 칸트를 계승한 사람들은 이번에는 '자연'을 '문화(Kultur)'와 대립시킵니다. 자연을 무엇인가의 의미에 있어서 인간적인 것과 대립시키려는 경향이 나타난 것입니다. 물론 이런 경향에 대해 반론도 있었지요. 칸트는 뉴턴의 역학 위에서 있지만, 뉴턴의 자연관에 대해 괴테는 반론했습니다. 워즈워스(W. Wordsworth, 1770~1850)라는 시인은 그런 기계론적 자연관에 대하여

보다 다른 낭만주의[60]적, 즉 자연과 인간과 신이 일체로 되어 있는 자연을 그 중심에 두고 있었어요. 그러니까 다양하게 있는 것입니다. 유럽에서도 말이지요. 통반석이 결코 아닙니다. 하지만 결국 그 자연관의 기본을 억누르고 근대문명을 만들어간 것은 데카르트의 기계론적 자연관과 베이컨의 자연 지배—이것이었다고 생각합니다. 종국에 가서는 오늘날의 환경문제를 시작으로 하는 과학기술의 근본 문제가 나오고 있습니다.

---

[60] 18세기 후반 계몽주의에 반발하여 일어난 사상으로서 감성적, 비현실적, 주관적 태도를 표방.

중국에 있어서 '자연'

다음 중국으로 옮깁시다. 중국에 가야 이야기가 시작되는 것은 '自然(しぜん, 시젠, 자연)'이라는 일본어가 본래 중국어에서 유래하기 때문입니다. 이 말의 뿌리가 되어 있는 '自然(zirán, 자연)'이라는 말의 의미를 살펴보아야 일본 자연관의 독자성도 나오게 됩니다.

여기서 간단히 보면, '自然'이라는 중국어는 '쯔랑(zirán)'입니다. '쯔(自, zì, 자기 자)'와 '랑(然, rán, 그럴 연)' 두 개의 말로 이루어져 있습니다. 그럼 먼저 이 '自(자)'라는 말은 무엇일까요. 이것은 원래『설문해자(說文解字)』라는 중국의 유명한 사전에서 '鼻(코 비)'라는 식으로 나오고 있습니다. 실로 '鼻(비)' 속에는 이 '自'라는 글자가 들어 있습니다. 이것은 맞는다고 생각합니다. 어떻게 그것이 이렇게 된 것인가. 자기 자신을 손으로 코를 가리켜 '鼻'로 말하는 것입니다. 그러니까 '鼻'는 결국자기라는 의미가 되기 시작했어요.

다음으로 '然(그럴 연)'이라는 말은 어떤 의미인가 하면, 이것은 형태사(形態詞)입니다. 중국어 문법의 접미사(接尾辭)로 상태를 나타냅니다. 그러니까 '맹연(猛然)'이라는 말이 있겠지요, 맹렬히 덤벼든다든가 하는 거예요. 또는 '흔연(欣然)'이라는 말도 있겠지요, 흔연하게 죽음으로 향한다든가 하는 거죠. 그런 미쳐 있는 모습을 '맹연'이라고 말하고, 기뻐하고 있는 상태를 '흔연'이라고 말하는데, 이것들처럼 '자연(自然)'이라는 것은 마땅히 자기 그대로, 그러니까 그런 상태를 말하는 것입니다. 본래 이것은 자기 그대로의 상태를 가리키는 부사 혹은 형용사였습니다. 하지만 중국어의 형용사는 명사가 되기 때문에, 이것은 명사로 사용되는 경우도 있습니다.

이것을 처음으로 술어로 사용한 사람이 노자(老子)입니다. 노자의 책에는 다섯 개쯤 나옵니다. 가장 유명한 것은 "사람은 땅에 따르고, 땅은 하늘에 따르고, 하늘은 도(道)에 따르고, 도는 자연에 따른다." 라는 구절이죠. 인간은 대지를 기준으로 하고, 대지는 하늘을 기준으로 하고, 하늘은 도를 기준으로 행동하는데, 도의 더욱 깊은 경지에 자연(自然)이라는 기준이 있고, 도는 그것에 따르고 있다고 말하고 있는 것입니다. 그러니까 이런 도의 근원은 다름 아닌 자연의 상태라는 것입니다. 즉 노자는 다른 것에 의해 규제되거나, 억지로 끌려다니거나, 타율적인 그런 것을 좋다고 하지 않았지요. 그렇지 않고 어디까지나 인위(人爲)를 가하지 않고, 스스로 있는 그대로 머무는 것을 그는 좋다고 생각했기 때문에, 이것이 무위(無爲)라는 개념도 되어가는 것입니다.

노자가 이런 상태가 좋다고 한 것은 주로 인생론적 의미였습니다. 즉 삶의 방식의 문제였습니다. 참된 삶의 방식을 위해서는 자연(自然)을 원리로 하면 된다고 했어요. 그런 의미로 인(仁)이라든가, 의(義)라든가, 유가(儒家)는 여러 가지 것을 내놓고 있습니다. "대도(大道)가 퇴폐하여 인의(仁義)가 나타났다."라는 유명한 말이 있는 것처럼, 큰 도가 퇴폐했기 때문에 인이다, 의다 하고 떠든다고 했죠. 그러니까 도에 따르는 것이 좋다, 그 도의 근저에는 자연이 있다는 게 그의 사고방식입니다.

즉 노자에 의하면 자연(自然)은 인위가 가해지지 않은 스스로의 상태로, 그것에 따르는 것이 사람의 살아가는(처세의) 참된 모습이라고 했습니다. 게다가 중국에서 처세의 원리는 동시에 정치의 원리로 되어 있습니다. 즉 수신제가치국평천하(修身齊家治國平天下)라는 것으로서, 이것은 하나로 이어지고 있기 때문에, 그는 정치도 그렇게 해야 한다고 생각하고 있었습니다. 그리고 이 인생관·정치관으로서의 자연이라는 말은 그 후 도가(道家)가 나타나 '천지의 자연'이라는 말을 꺼냅니다. 그러니까 자연은 인간의 삶의 방식, 마음의 자세, 국가의 역할뿐만 아니라, 천지의 질서가 자연이라는 표현이 되어, '천지의 자연'이라는 것을 크게 강조합니다. 이것이 도가의 사람들, 유안(劉安, 기원전 ?~기원전 122)의 『회남자(淮南子)』[61]라든가, 왕충(王充, ?~?)의 『논형(論衡)』[62]이라든가가 모두 그렇지요. 이것들이 결국 『포박자(抱朴子)』(1장 참조)까지 행해지며 중국의 연금술(鍊金術)이 되는 것입니다. 그러니까 『포박자』의 연금술은 금을 만드는 것이 목적이라기보다 불사장생(不死長生)의 약(藥), [단(丹)이 중국에서는 중요한 것이기 때문에] 즉 '연단술'이라는 것이 적절하겠는데, 어쨌든 금(金)을 만들려 했기 때문에, 연금술이라고 해도 좋다고 생각합니다. 그러나 그 근저는 자연 지배가 아닙니다. 자연 속으로 헤치고 들어가, 거기서 인간과 자연과의 기(氣)를 통합시켜 자연의 변화를 찾아가는 것입니다. 그것이 연금술이라는 것이지요.

어쨌든 이것도 줄여서 중국의 자연(自然)이 무엇인가 하면, 이것은 대체로 도가의 사상으로 나옵니다. 노자, 장자, 회남자 모두 도가이지요. 유가는 말하고 있지 않습니다. 왜 유가는 자연을 말하고 있지 않은 것인가요. 유가는 인위를 중요시했기 때문이지요. 무위자연이

---

61) 전한(前漢)의 해남왕 유안이 학자들을 모아 노장사상을 중심으로 편찬한 사상서.
62) 후한(後漢) 당시의 정치, 습속, 속설 등을 문제로 삼아 비판한 저서.

아니라 유위(有爲). 인위(人爲). 예(禮)도, 인(仁)도, 의(義)도 모두 이것들은 인위입니다.

이것을 정리하면 이런 것이 됩니다. 중국에서 '自然(자연)'이라는 말의 본래 의미는 '스스로 그러한 상태'를 가리킨다, 그러니까 그것은 타인의 작위(作爲)나 힘에 의하는 것이 아니라, 자기 안에 있는 작용에 의해 그렇게 된다는 것이죠. 그러니까 자연의 자율성, 자발성이 무엇보다도 주목됩니다. 그러나 여기서 주의해야 할 것은 자연이 자율성, 자발성, 자족적 상태를 의미하는 것임에도 불구하고, 이른바 'nature'의 의미의 자연, 즉 삼라만상, 대상적 세계 일반을 가리키고 있지 않았다는 것입니다. '천지의 자연'이라고 할지라도, '천지'가 오히려 'nature'이지요. '자연'은 이 상태를 말하는 것입니다. 여기의 '자연'은 'nature'의 삼라만상 전체를 포함해서 말하고 있는 것이 아닙니다. 형용사적인 것입니다. 성질을 말하고 있습니다.

그러니까 당시의 중국에서 그것을 의미하는 말, 삼라만상, 즉 대상적 세계의 일반을 포괄한 것을 나타내려 했다면, 오히려 '천지', '만물', 그리고 '조화'라는 말들을 사용했습니다. '천지'는 자연계 전체를 총괄하며, '만물'은 그 안에 있는 여러 가지 구체적 사물입니다. '조화'라는 것도 이것은 신이 아닙니다. 자연(自然)을 초월한 신, 창조한 신은 없었기 때문에, 자연 속에 내재하는 그것을 변화해가는 힘(力)—내재적 힘. 이것에 중점을 두고 삼라만상을 볼 때, 그것을 '조화'라고 합니다. 그렇지 않으면 『논어(論語)』의 조수초목(鳥獸草木)이라든가, 『장자(壯子)』의 산택금수(山澤禽獸)라든가 하는 것처럼, 단지 여러 가지 존재의 이름을 나열할 뿐이라는 것입니다.

그러니까 자연(自然)이라는 말을 사용할 때 주의해야 할 것은, 이것이 자연성(性)을 의미하고 있는 경우와 자연물(物)을 의미하고 있는 경우가 있다는 것입니다. 중국의 경우, 자연은 본래 자연성을 말하는 것이었기 때문에, 자연물을 말하는 것은 아니었습니다. 물론 현대에 서는 중국어에서도 자연과학, 자연 연구, 자연계라는 말을 사용합니다. 이것은 'nature'의 의미로 지연물 일반을 총괄적인 의미로 사용하고 있습니다. 이것 역시 중국어의 본래 용법은 아니었습니다.

그것은 어디까지나 자연성이었고, 자연물은 아니에요. 그러니까 청 이전의 중국 문헌을 읽을 때는 주의해야 한다고 생각합니다. 이것을 저 자신이 오해하면서 읽었습니다. 그렇게 해석하는 중국학의 대가(大家)도 있었기 때문이지요. 이것을 'nature'의 의미라고 믿고 읽으며 해석하고 있습니다. 하지만 저는 결국 그렇지 않다는 것을 읽고 알게 됐어요. 송(宋)의 주자(朱子, 1130~1200)로부터 청 말의 담사동에 이르기까지, 일관되게 삼라만상 전체를 통일하는 말은 천지만물이고 자연(自然)은 아니었지요.

그러나 모택동의 『실천론』에는 "인간의 의식은 주로 물질적인 생산 활동에 의존하고, 차제에 자연의 현상, 자연의 성질, 자연의 법칙성, 인간과 자연과의 관계를 이해한다."라고 쓰여 있어요. 이것은 완전히 우리가 지금 말하고 있는 자연(自然)의 의미입니다. 그러니까 그사이에 무엇인가 큰 전환이 있었다는 것이지요. 즉 청 말의 양계초(梁啓超, 1873~1929)가 일본에 와서 유럽어의 번역어, 일본어를 중국에 갖고 돌아갔어요. 그러니까 『실천론』의 학술어의 4할은 일본어라는 연구를 중국의 학자가 내놓고 있습니다만, 그렇다고 생각합니다. '자연'도 그중 하나일 것이라고 생각합니다.

그러나 '자연(自然)'에 대해 그것을 분명히 지적한 사람은 지금까지 없었습니다. 없었기 때문에 저는 조금 고생했습니다. 고생했다는 것은 사전을 찾아보는 것이었습니다. 당시의 영중사전을 찾아 'nature'

라는 부분에 어떤 중국어가 나와 있는가 확인하자, 그 양계초의 시대
를 사이에 두고 변하고 있는 것이지요. 그 이전은 '천지만물', 그 후는
'자연', 이렇게 나와요. 그러니까 제가 이 책『한 단어의 사전—자연』
을 쓰고 있을 때는 아직 자신이 없었기 때문에, 이것은 장래의 미해
결의 문제라고 썼습니다. 하지만 이제는 해결되었다고 말해도 좋다고
생각합니다.

일본에 있어서 '자연'

다음으로 일본에 있어서 '자연(自然)'으로 들어가 봅시다. 실은 삼라만상의 의미로, 즉 'nature'의 번역어로서 '자연'이라는 말을 사용한 것은 일본입니다. 그런 의미의 '자연'이라는 말은 일본에서 만들어졌다는 것입니다. 그러면 일본에서 '자연'이라는 말이 가장 처음에 나오는 것은 무엇이라고 생각됩니까? 그것은 『풍토기(風土記)』[63]입니다. 이것이 가장 오래된 것이죠. 즉 『상륙국풍토기(常陸国風土記)』[상륙국, 현 이바라키현(茨城県) 지방의 풍토기 속에 "저절로 빈궁을 면해야 하느니라(自然応免貧窮)."의 '오노즈카라(おのずから, 저절로)'라는 곳 아래에 '自然(자연)'이라는 한자가 있습니다. 그러니까 이 '자연'이라는 것이 중국으로부터 들어와 우선 '오노즈카라'라고 훈독된 것이지요. 아무래도 그런 것 같습니다.

그리고 다음으로 『만엽집(万葉集)』[64]에 딱 한 군데 나옵니다. "산언저리에 이시(五十師)의 샘물은 저절로 이루어지는 비단을 활짝 펴는 산일지 모르오(山辺乃 五十師乃御井者 自然 成錦乎 張流山可母). 이것은 이세국[65]의 언덕의 경관을 칭송한 제13권의 3, 235의 반가(反歌), "저

---

(63)　8세기, 나라(奈良) 시대에 각 지방의 풍토, 산물, 전설 등을 기록한 지지(地誌).
(64)　7세기 후반~8세기 후반 편찬된 가장 오래된 시가(詩歌).
(65)　伊勢国, 고대 천황(天皇)의 행궁(行宮)으로 현 미에현(三重)에 위치.

절로 이루어지는 비단을 활짝 펴는 산일지 모르오.”의 ‘오노즈카라(お
のずから, 저절로)’라는 곳 아래에 ‘自然(자연)’이라는 한자가 나오고 있습
니다. 그러니까 이것 역시 동일하게 처음의 ‘오노즈카라’처럼 ‘自然’이
라는 한자를 훈독한 것이라고 생각합니다. ‘自然’이라는 말의 ‘自’의 최
초의 의미는 역시 ‘미즈카라(みずから, 스스로)’이지요, ‘自’라는 것이 ‘자
기(自己)’이기 때문에. 그리고 그것이 변하여 ‘오노즈카라(おのずから, 저
절로)’가 되는 것입니다.

왜 그렇게 이루어지는 것인가 하면, 그것도 주의 깊게 살펴보지 않
아서라고 생각합니다. 즉 ‘미즈카라(みずから, 스스로)’와 ‘오노즈카라(お
のずから, 저절로)’가 같은 글자, ‘自’를 사용하고 있다는 불가사의 때문
입니다. 그것은 행위하는 주체, ‘자기로부터’는 ‘미즈카라(みずから, 스스
로)’이지만, 그것을 객체의 측으로 옮겨 그 자신의 ‘자기로부터’라는 의
미가 되면, 그것이 ‘오노즈카라(おのずから, 저절로)’의 의미가 된다는 것
이 저의 해석입니다. 그러니까 그것은 뿌리가 같지요. 시점을 주체의
측에 두는가, 객체의 측에 두는가 하는 것이라고 생각합니다.[66]

이것을 학문적인 학술용어로 사용한 사람은 중국에서는 노자입니
다만, 일본에서는 쿠우 카이(空海, 774~835)입니다. 저서 『십주심론(十住
心論)』 속에 “경(經)에 자연(自然)이라 이르는 것은, 이른바 일종의 외도
(外道)를 가리키는 것으로, 일절의 법(法)은 모두 자연히 이루어지는
것이다.”라는 것이 나옵니다. 여기서는 ‘자연’을 ‘지넨(じねん)’이라고 발
음했지요.

---

66) 일본어의 한자는 음독과 훈독으로 읽음, 예를 들어 自의 경우 し, 시라고 음독하고, 自 혹은
自ら의 경우 みずから, 미즈카라 혹은 おのずから 오노즈카라로 훈독하며, 스스로 혹은 저절
로, 있는 그대로의 의미를 가짐.

오늘날의 '시젠(しぜん)'이 아니라 '지넨'. 이것은 무슨 말의 번역어인가 하면, 산스크리트어의 '스바하바(svabhāva)'를 번역한 것이라고 생각합니다. 이것은 쿠우카이가 본 중국의 문헌, 『경(經)』[67]에 그렇게 적혀있었는데, 그 근본은 산스크리트어로 'svabhāva'가 될 것이라고 생각합니다. '스바(sva)'라는 것은 '자기의', '바하바(bhava)'라는 것은 '자세'를의미하는 것으로, 불교용어로 '자성(自性)' 등으로 번역했지요. 여기서는 쿠우카이도 '자연(自然)'이라는 말로 처음에는 외도(外道)의 사상을비판하고 있는 것입니다만, 그 이후 『즉신성불의(卽身成佛義)』 속에서는 "법연(法然)이란 제법자연(諸法自然)처럼 되는 바를 가리키는 것이다."라고 말했습니다.[68] 이처럼 쿠우카이는 차츰 적극적으로 이 자연의 개념을 사용하게 되지요. 변해가는 것인데, 이것은 시간이 없기때문에 지나갑시다.

자연(自然)이라는 불교용어가 차츰 헤이안 시대(平安時代, 794~1185)의 문학에 들어가 『원씨물어(源氏物語)』나 『침초자(枕草子)』에 쓰이는데, 이것은 예를 들어 "신분이 높게 태어난 자는 모두에게 소중한 보살핌을 받고 결점을 감추는 것도 많아, 자연히 그 상태가 지극히 잘보이게 될 것이오."라는 등으로 말하고 있습니다. 이런 표현이 계속나오는데, 여기서는 한자로 '自然'이라고 쓰고, '지넨(じねん)'이라고 읽으며, '오노즈카라(おのずから, 저절로)'의 어떤 상태를 나타내는 형용사,부사로 쓰이고 있습니다.

---

67) 『대일경(大一經)』, 불교의 한 종파인 밀교의 경전.
68) 외도란 불교 이외의 사고방식을 가리키는 것으로서 인과관계를 중시하는 불교에서 보면 자연, 스스로 그러하다는 것은 무인론으로 귀결. 따라서 쿠우카이는 자연을 법(法, dhárma)아래의 개념으로 외도의 하나로서 비판했으나, 이후 『즉신성불의』에서 자연의 개념을 법연의개념에 결부시킴.

그리고 그 후의 발전으로 두 사람만은 생략할 수 없습니다. 한 사람은 신란(親鸞, 1173~1263)의 '자연법이(自然法爾)'입니다. 『말등초(末燈鈔)』라는 신란 말기의 책에서는 실로 중요한 사상이 되었습니다. "자연(自然)이라는 말의 자(自)는 저절로(おのずから, 오노즈카라)라는 뜻으로 행자(行者, 불교를 수행하는 자)의 수행으로 되는 것이 아니니라. 연(然)은 그렇게 되게 한다(しからしむ, 시카라시무)라는 뜻으로 행자가 하는 것이 아니라, 여래(如來, 부처의 존칭)의 서원(誓願, 중생구제의 소원을 바라는 맹세)이 그렇게 되게 하는 것으로, 이를 법이(法爾)라 부르니라. 이 법이는 차츰 그렇게 되어 가므로, 모든 행자의 수행으로 할 수 없는, 고로 타력(他力)에는 의[義], 행자의 서원, 자력(自力)에 의한 서원가 없음을 알아야만 하느니라." 이하를 생략하겠습니다. 요컨대 그가 말하고 싶은 것은 무엇인가 하면, 이 '자연법이'라는 것은 절대타력이라는 것. 즉 자력이라는 것을 그는 부정하고, 미타불(彌陀佛, 부처의 존칭)에 자기를 맡기는 것입니다. 절대타력이라는 경지가 궁극의 '자연법이'라는 것입니다. 그는 '자연(自然)'을 '오노즈카라(自,おのずから, 저절로) 시카라시무(然,しからしむ, 그렇게 되게 한다)'라고 동사적으로 해석했습니다. 그저 아미타여래[69]에 의해 중생(衆生)을 구제한다는 서원, 즉 맹세에 의해 저절로 구제된다는 것입니다. 자기 스스로가 진리를 깨달으려는 것은 아니라고 논하고 있습니다. 이것은 상당히 독창적인 생각이라고 생각합니다.

왜냐하면 이번에 조사했습니다만, 그가 참조하고 있는 것은 『대무량수경(大無量壽経)』이라는 쟁토삼부경(爭土三部經)의 하나입니다. 이것을 계속 조사해가면, 이런 절대타력의 사고방식은 없었지요. 오히려

---

69)   阿彌陀如來. 대승불교 정토종의 부처 존칭.

자력으로 해석하는 경향이 나오고 있습니다. 그러니까 이것은 중국으로부터 온 것이 아니라, 그가 실제 스스로 생각하고 여기까지 생각한 것이지요. 이것 역시 신란의 이례적인 독창성이 아닌가 생각했습니다. 그가 참조한 중국의 원전과 비교하여 이것을 밝혔습니다.

또 한 명, 생략할 수 없는 사람은 안도 쇼에키(安藤昌益, 1707~1762)입니다. 그 도중에 일본 주자학에서의 자연의 문제가 있는데, 이것은 할애하도록 하겠습니다. 오규 소라이(荻生 徂徠, 1666~1728)와 이토 진사이(伊藤仁斎, 1627~1705)가 대립한 사고방식도 있는데, 이 에도유학(江戸儒學)이 되고, '自然'의 한자를 '지넨(じねん)'이 아닌 '시젠(しぜん)'이라고 읽었습니다. 그리고 '자연'을 중요시한 고학파(古學派)라는 것이 있었습니다. 이토 진사이를 시작으로 해서 도(道)는 자연에 기초한 것이라고. "도(道)는 인륜(人倫)·일용(日用)의 당연히 가야 할 길이요, (성인의) 가르침을 기다리고 후에 나오는 것은 아니다…. 모두 자연뿐이다."라는 것은, 이것은 진사이입니다[『어맹자의(語孟學義)』「도제이조(道第二条)」]. 이것에 대해 반대한 소라이가 "자연, 자연이라고 말하면 안 됩니다. 오히려 성인이 만든 가르침이므로, 그 의미로 작위(作爲)가 매우 중요합니다."라고 대립합니다[『변도(弁道)』]. 마루야마 마사오(丸山真男, 1914~96) 교수님은 이점에 주목하여, 이 오규 소라이에 '자연으로부터 작위에'의 도를 거쳐 일본의 근대가 시작되었다는 것을 말씀하셨습니다. 하지만 저는 반드시 이 생각에 찬성할 수 없습니다.

그러나 이 문제는 일단 그대로 두고, 안도 쇼에키라는 사람에 대해서는 무슨 일이 있어도 설명해야 합니다. 안도 쇼에키도 상당히 요즘 유명해졌지요. 잊고 있던 사람이지만, 지금은 결코 잊지 않고 있습니다. 오히려 고찰의 중심이 되어오고 있습니다만, 이 사람이 『자연진영도(自然眞営道)』라는 책을 썼어요. 읽는 방식이지만, 아마 저는 '자연진

(自然眞)에 영위(營)하는 도(道)'라고 읽어야 한다고 생각합니다. '자연(自然)의 진(眞)에 영위(營)하는 도(道)'가 아닙니다. '자연진'이라는 말이 있는 것입니다. 실은 자연 전에는 자연진이었습니다. 그 자연진의 '진'이 떨어져 '자연'이라는 말을 안도 쇼에키가 사용하게 되었던 거죠. "자연이란 호성묘도(互性妙道)라고 이름했다."라는 것이 가장 처음의 시작입니다. 자연이란 호성묘도, 즉 호성(상호성)을 중시합니다. 특히 활진(活眞, 자연진과 거의 같이 사용)은 혼자서 활동하고 진퇴하며, 천지, 일월, 남녀, 목(木)·수(水)·화(火)·금(金) 등의 만물을 만들어갑니다.

이것들의 대립하는 이항은 가치적인 상하관계를 갖지 않으며, 오직 평등으로 상호에 타자를 필요한 것으로서, 서로 감응(感應)하고 미묘(微妙)한 조화관계를 갖고 있습니다. 예를 들어 여자와 남자, 예를 들어 남자가 위고 여자가 아래라든가, 하늘이 위고 땅이 아래다, 이런 것은 아닙니다. 모두 호성묘도이지요. 서로가 서로를 필요로 하고 있습니다. 자기 안에 타자라는 것이 비춰지고 있습니다. 타자 안에 역시 자기가 있고, 이 관계가 실로 미묘한 도를 이루고 있지요.

호성이라는 것은 'each-other-ness'라고 번역하는 것이 가장 좋다고 생각합니다. 중국이라면 하늘이 위고 땅이 아래이겠지요. 혹은 남자가 위고 여자가 아래일지 모릅니다. 그래서 그런 것은 아닙니다. 이것은 서로의 안에 서로가 포함되어 있는 관계이지요. 그는 자연(自然)을 '히도리(自, ひとり, 홀로) 스루(然, する, 하다)'라고 읽었습니다. 이렇게 자연을 보아야 합니다. 이것을 '오노즈카라 시카리(おのずからしかり, 저절로 그렇게 되게 하다)'라고 신란은 읽었지만, 그는 더욱 능동적으로 이 것을 '히도리 스루(ひとりする, 홀로 하다)'라고 읽습니다.

여기서 중요한 것은 첫째로, 그때까지는 일본 주자학 등에서는 자연을 말하지만, 그것이 도덕적, 인륜적 입장에서 언급되는 경우가 많았습니다. 이토 진사이도 그렇지요. 그런데 쇼에키에 있어서는 그가 의사이기도 했고, 자연이 인생적인 것보다도 대상적 세계, 오늘날 말하는 우리의 자연에 가까운 의미로 쓰이게 되었습니다. 이것이 중요하지 않은가 저는 생각합니다. 물론 이 자연은 윤리적인 함축도 갖고 있습니다. 그는 '법세(法世)'에 대해 '자연세(自然世)'를 대치시켰습니다. 법세라는 것은, 이것은 나쁜 것이지요. 사람이 제멋대로 꾸며낸 착취의 체계, 자연의 '직경(直耕)', 이것이 중요하다고 그는 말했습니다. 그는 루소(J. Rousseau, 1712~1778)와 동시대에 살았는데, 루소와 서로 호응하는 생각을 독자적으로 만들어왔습니다.[70]

둘째로, 자연(自然)은 그때까지 부사적, 형용사적으로 쓰였습니다. 그러나 쇼에키에 있어서 처음에는 '자연활진(自然活眞)'이라고 말하고, 활진에 자연을 붙이는 형용사였습니다. 자연진도 그랬습니다. 그러나 진이나 무엇인가가 떨어져 형용사가 독립하여 명사로 되었으며, "자연은 크게 진퇴 혹은 퇴진하여 천지(轉定)가 된다."라는 독립 명사가 되어 나오기 시작했어요.[71] 이것도 매우 중요한 것이 아닌가 생각합니다. 그러니까 자연은 결국 자연활진, 자연진인데, 그 내용은 대상적 자연이 설명되어, 결과로서 오늘날 쓰이고 있는 'nature'로서의 자연에 의미적으로 가까워지기 시작했습니다.

셋째로는, 이런 안도의 자연론은 호성, 그 밖의 주목해야 할 독자적인 개념 장치에 의해 우주 전체를 자립(自立), 자행(自行)하는 생명적 실재가 적극적인 자기 형성을 이루는 전체적인 시스템(holistic system)

---

70)   루소는 『사회계약론』(*Le Contrat social*, 1762)에서 시민의 자유와 평등에 의한 공동체를 강조.
71)   일본어로 천지(天地)는 텐치(てんち)로 읽는데, 쇼에키는 텐치의 동음인 한자 轉定(전정)을 써서 능동적이고 자율적인 운동의 천지, 즉 우주를 표현.

으로 파악한 뛰어난 사상적 영위로서 높게 평가됩니다. 그것은 일본인이 자연 개념의 귀결로 만들어낸 최후의 압권이라고도 해야 할 가장 독창적이고 포괄적인 자연철학이며, 오늘날 환경 문제나 자연관의 수정에도 기여할 수 있는 내용을 갖고 있다고 생각합니다[『자연진영도(自然眞営道)』「대서大序」].

그런데 그 후, 쇼에키가 나온 후 난학[72]이 시작되어 『파류마화해(波留麻和解)』(1796)라는 난일(蘭日) 사전이 나옵니다. 네덜란드어를 일본어로 옮깁니다. 이것을 만든 사람의 이름은 이나무라 산바쿠(稲村三伯, 1758~1811). '파류마(波留麻, はるま, 하루마[73])'는 프랑스의 하루마(F. Halma, 1653~1722)라는 사람이 편찬한 난불(蘭佛)사전을 난일사전으로 바꾼 것입니다만, 이나무라 산바쿠가 『파류마화해』를 만듭니다. 화해(和解, わげ, 와게)는 사전이라는 의미입니다. 이 속에서 네덜란드어 'natuur'에 대해 '자연'이라는 번역어를 사용했습니다. 이것이 'nature'로 번역된 가장 최초의 것입니다. 난학의 발전 속에 일본인이 한 것입니다.

그런데 'nature'의 의미도 자연(自然)이라는 개념은 즉시 보급되지 않았습니다. 즉시 보급되지 않았으며, 역시 자연이라는 말이 형용사, 부사적으로 '자연히 이렇다 저렇다'라든가, '저절로 이렇다 저렇다'와 같은 부사적, 또는 '있는 그대로의'와 같은 형용사의 의미로 계속 쓰이고 있었기 때문에, 좀처럼 명사가 되기 어려웠습니다. 이 부분을 야나부 아키라(柳夫章) 씨가 『번역의 사상—'자연'과 nature(翻訳の思想—「自然」とnature)』(1977) 속에서 잘 밝히고 있습니다. 이 책에 따르면 메이

---

72) 蘭學, 에도시대 중기 이후, 네덜란드의 서적을 통해 서양의 학술을 연구한 학문.
73) 파류마는 일본어로 하루마로 읽음.

지(明治) 22년(1889)에 모리 오가이(森鷗外, 1862~1922)가 『문학과 자연'을 읽는다(「文学ト自然」ヲ読ム)』 속에서 독일어의 'natur'의 번역어로서 이와모토 요시하루(巖本善, 1863~1942)와의 논쟁에서 사용한 것이 중요한 계기가 되었다고 합니다.

이 논쟁에 대해서는 야나부 씨가 자세하게 해설하고 있기 때문에 양보하고, 여기서는 제가 조사한 것을 말하면, 자연(自然)이란 말이 일본에 정착하는 것에 중요한 역할을 했다고 생각되는 것은 『일본 풍경론(日本風景論)』(1894)입니다. 『일본 풍경론』은 시가 시게타카(志賀重昻, 1863~1927)라는 사람이 쓴 일본의 풍경을 논한 책입니다. 이 속에서 '자연'과 '조화'라는 두 개의 말이 'nature'의 번역어로서 나란히 쓰이고 있습니다만, '자연'의 말이 차츰 증가하고 있습니다.

나아가 주목해야 할 사람은 키타무라 토우사쿠(北村透谷, 1868~1894)입니다. 그 역시 '조화'와 '자연'을 사용하고, 그 후 차츰 '자연'이라는 말을 정착시키고 있습니다. 에머슨(R. W. Emerson, 1803~1882)의 자연론의 영향이 있습니다만, 그 부분도 생략하고, 결국 토쿠토미 루카(德冨蘆花, 1868~1927)의 『자연과 인생(自然と人生)』(1949), 여기까지 오면 이미 표현에 '자연'이라는 말이 자주 나옵니다. 쿠니키다 돗포(国木田独步, 1871~1908)가 그 이전에 『무장야(武蔵野)』(1898) 등을 쓰며 '자연'이라는 말을 내놓고 있는데, 그것을 표현으로 만드는 것이 일어나 일본어로서 메이지(明治) 20년(1887)대로부터 메이지(明治) 30년(1897)대 10년간에 걸쳐 이 말이 정착합니다.

이제 시간이 되어 끝내야 합니다만, 아직 중요한 것을 남겨두고 있습니다. 즉 일본인의 자연관이라는 것입니다.

일본인의 자연관

　그러면 일본인의 전통적 자연관은 도대체 무엇일까요. 저는 '자연과 인간의 근원적 유대'라는 말로 표현하겠습니다. 이것은 『만엽집』이래 『고금집』[74], 그리고 사이교우(西行, 1118~1190), 도우겐(道元, 1200~1253), 마츠오 바쇼(松尾芭蕉, 1644~94), 요사 부손(与謝蕪村, 1716~84), 코바야시 잇사(小林一茶, 1763~1828), 료우칸(良寬, 1758~1831) 등을 통해 "유품이라 하면 무엇을 남기면 좋겠는가, 봄의 꽃, 여름의 산진달래, 그리고 가을의 단풍잎[사이교우(西行)]."이라고 말하는 것처럼, 인간과 자연이 완전히 일체를 이루고 있는 근원적 유대가 계속 있었습니다. 타야마 카타이(田山花袋, 1872~1930)가 유럽의 '자연주의'를 '오해'했다고 전해지지만, 오해한 것이 아니라 역시 일본의 자연관으로 유럽의 자연사상을 파악했기 때문에 그렇게 되었습니다. 시가 나오야(志賀直哉, 1883~1971)의 『암야행로(暗夜行路)』(1922)에서 "녹초가 되고 말았지만, 그것은 이상한 도치감이 되어…, 이 거대한 자연 속에 녹아 들어가는 것을 느꼈다."라고 쓰고 있지요. 이 근원적 유대의 일체감이었다고 말해도 좋다고 생각합니다.

　중국에서도 인간과 자연은 역시 나누어지지 않았다고 생각합니다. 나누어지지 않은 이 점은 근대 유럽과 다르지요. 역시 일체라는 것입

---

74)　헤이안(平安) 시대 전기에 천황이나 상황의 명에 의해 편찬된 노래집.

니다. 그러나 이것은 '기(氣)'를 양자가 공유하기 때문입니다. 또는 후기가 되면, '리(理)'를 공유한다고 해도 좋을지 모릅니다. 그러나 이 근원적 유대는 기라든가, 라든가 하는 것이 아니지요. 아무래도 저는 그렇다고 생각합니다.

다른 한편으로 이것은 데카르트 이후, 유럽 근대의 물심이원론(物心二元論)에 대한 반대의 자연일 뿐만 아니라, 워즈워스나 무언가의 낭만주의와도 다릅니다. 낭만주의는 19세기에 일어났는데, 17세기에 인간과 자연이 분리되어 어쩔 수 없게 되자, 그사이에 다리를 놓으려 '감정이입'으로 하나로 합치려 한 것이 워즈워스와 그 학파입니다. 그러니까 그것이 불안의 개념과 하나로 합쳐지는 것이지요. 하나로 합쳐지게 된다고 하지만, 되지 않았지요. 그러니까 그것이 '동경(憧憬)'이라는 것이 됩니다. 하지만 일본의 경우는 그렇지 않지요. 더욱 단적(端的)인 일체감이 확신되고 있지 않은가 생각합니다.

그럼 결론에 들어가야겠지요. 제가 말하고 싶은 것이 무엇인가 하면, 지금 유럽에서도 베이컨적인 자연 지배나 데카르트적인 기계론적 자연관은 크게 반성되고 있다는 것입니다. 나아가 자기조직계(self-organizing-sysytem)가 매우 중요해지기 시작하여, 자연은 역시 스스로 자기를 만들어간다는 사고방식이 널리 퍼지고 있습니다. 질서를 자기 안에 만들어간다는 것이죠. 엔트로피(2장 참조)가 감소하여 환경과의 상호작용으로 어떠한 조건이 갖추어지면, 다시 엔트로피가 감소하고 질서가 거기에 저절로 만들어지며, 스스로 자기를 만들어간다는 사고방식이 프리고진(I. Prigogine, 1917~2003), 바레라(F. Varela, 1946~2001), 얀츠(E. Jantsch, 1929~1980), 그리고 프랑스의 모랭(E. Morin) 등의 학자들에 의해 자기조직계라는 것을 크게 강조하며 이어지게 되었습니다. 이는 종래의 능동성이 완전히 사라진 결정론적인 기계론적 자연관과는 크게 다른 것이기 때문에, 생명을 잃은 죽은 자연, 즉 시계 모델의 자연관을 뛰어넘는 유기적인 생명 시스템을 모델로 하는 자기 형성적인 자연관이 나타나고 있습니다. 그러니까 그 의미에서는 인간이나 생물은 고사하고 우주도 지구도 살아 있습니다. 지구는 단순한 암석의 집합이 아닙니다. 역시 그것은 하나의 자기조직계라는 것입니다. 저는 우주도 그렇다고 생각합니다.

인간이란 그러니까 실은 우주의 자기생성적인 생명체의 일환이나 다름없습니다. 이러한 자기조직계로서의 자연을 타자로부터의 강인한 간섭에 의해, 파괴해버리는 것이 공해이며 환경 파괴이지요. 그리고 인간도 자기조직적인 존재입니다. 그 자기조직계가 부모나 사회의 간섭에 의해 부정되어버리는 것이 지금 행해지고 있는 교육 공해라는 것입니다. 우리는 키우는 것, 육성하는 것을 필요로 합니다. 그뿐만 아니라 유사시에는 준비하고 보충하는 것도 필요로 하겠지요. 그러나 자연의 자기조직계를 근본적으로 파괴하면 안 됩니다. 노자는 이렇게 말했습니다. "만물의 자연을 돕고, 게다가 억지로 행하지 않느니라." 돕고 보충하며 준비하는 것은 필요로 하지만, 감히 자기조직계를 파괴하면 안 되는 것이지요.

오늘 제가 논한, 일본을 포함한 동(東)의 '자연의 개념'과 최근의 서(西)의 유럽의 그것이 지금 만나는 때가 오고 있는 것이 아닌가 합니다. 일본의 전통을 유럽과 대비하여 새롭게 다시 생각하는 것에 의해, 이제야말로 이미 동도 서도 없는, 이른바 '인류의 사상'이 일체가 되어 함께 이룩해 나아갈 때가 아닌가 합니다. 환경 문제에 대해 이미 이런 관점으로부터 하나가 되어 생각해갑니다. 그런 자연 개념의 재구축 시점에 와 있지 않은가 하는 결론과 함께 여기서 마치겠습니다. 오늘 강연을 경청해주서서 대단히 감사합니다.

제6장

비교문명론의 현재
─ 문명의 전환기

정중히 소개해주서서 감사드립니다. 저의 전문 분야가 무엇인가 물으면, 역시 '과학사'이지요. 미국의 학위도 과학사로 받았습니다. 철학 출신은 아닙니다. 구제도쿄 고등학교[旧制東京高等学校, 1921년에 설립된 일본 최초의 관립 구제 7년제의 고등학교로 1949년 도쿄 대학(東京大学)에 흡수]나 도쿄 대학(東京大学)의 교양학부는 이과(理科)였습니다. 요즘 말하고 있는 '문리융합(文理融合)'의 형태입니다. 이러한 저의 입지는 당시 좀처럼 어려웠습니다.

이번에 고마바[駒場, 도쿄도(東京都) 메구로구(目黒区) 북단에 위치]의 도다이(東大, 도쿄 대학의 약칭)는 개혁을 하여 문리융합 학과로서의 '학제과학과'가 생기게 되었습니다. 교양학부의 후기 과정은 '학제과학과'와 '교양학과', 그리고 '종합자연과학과', 세 개의 학과로 나뉩니다. 문리융합이라는 것이 가까스로 인정받게 되었습니다. 문리융합의 학제과학으로서 과학사도 거기에 들어가는 것입니다.

그리고 과학사를 연구한 다음에 비교문명을 연구했습니다. 이것은 한마디로 말하면 세계의 문명이 무엇인가, 혹은 상호관계는 어떠한가, 그리고 그것들이 관련하며 구조를 변화시키고, 문명이 바뀌어오는데, 그 이상적인 상태는 무엇인가를 연구하는 새로운 연구 분야입니다. 영국의 아널드 토인비(A. Toynbee, 1889~1975)라든가 독일의 오스발트 슈펭글러(O. Spengler, 1880~1936)가 시작하고, 그것을 계승한

페르낭 브로델(F. Braudel, 1902~1985)이라는 유명한 사람도 있습니다. 그런 사람들이 한 것을 더욱 발전시키려는 현대적인 학문이지요, 대학의 과목에서도 '비교문명론'이라는 것은 지금 있다고 하지만, 아직 적다고 생각합니다. 그러니까 이것은 과학사와 똑같이 새로운 전위적(前衛的)인 학문이라고 생각해주시면 좋겠습니다.

그래서 비교문명의 연구에 들어갔습니다. 과학사라고 말하면, 그때까지 모두 유럽의 과학밖에 없다고 생각했고, 그것밖에 하지 않는 것에 매우 불만이었어요. 중국이라고 해도 역시 과학은 있었습니다. 아니, 오히려 14세기 이전에 중국의 과학은 유럽보다 앞서 있었습니다. 인도에도 물론 있었고, 이슬람 세계에도 있었지요. 그러니까 세계의 과학을 생각해야 한다는 것으로, 지금 비교과학사라는 영역에 발을 들여놓고 있습니다. 그런 이유로 비교문명론과 과학사, 이것이 제 안에서 결합한 것입니다.

그런데 오늘은 시간이 상당히 제한되어 있으므로, 어떻게 이야기를 진행할 것인가를 우선 간단히 말씀드리겠습니다.

우선 제 생각으로는, 세계의 문명은 전 세계적인 규모를 생각할 때 역시 비슷한 공통의 변환, 'transformation'을 행하며 오늘에 이르고 있다고 보입니다. 인류사(人類史)에는 지금까지 다섯 번의 거대한 변혁기가 있었지요. 그것이 '인류혁명'으로부터 시작되어, '농업혁명', '도시혁명', '정신혁명', '과학혁명'을 거쳐 오늘날까지 오고 있다고 생각합니다. 그래서 '과학혁명'이 일어나 '근대과학'이 생기고, 다시 산업혁명과 정보혁명을 거쳐 인공지능 혁명이 일어나, 지금 우리는 여기에 살고 있는 것입니다.

그런데 또 한 번의 거대한 여섯 번째의 '환경혁명'이라는 문명 전환기와 지금 우리는 다시 조우하고 있으며, 그 과정에 있다는 것이 제

비교문명론의 구도입니다. 즉 오늘의 테마를 '비교문명론의 현재'로 했습니다만, 그것은 오늘 다시 거대한 문명의 변환기에 접어들고 있다는 것을 말하고 싶은 것입니다. 이 '환경혁명'이라고 이름 지은 새로운 전환기가 무엇인가 하는 것은 후반부에서 '과학기술'의 변환과 '세계관' 혹은 '자연관'의 변혁, '문명'의 전환, 이 세 가지 점으로 나누어 설명하려고 생각하고 있습니다. 그래서 우선 전반의 약 30분간에 걸쳐서, 간단히 지금까지의 인류의 전환기라고 생각되는 것을 논하겠습니다.

인류혁명

우선 첫 번째로 '인류혁명(Anthropic Revolution)'이란 도대체 무엇인가 하면, 그것은 인류의 성립입니다. 인류혁명의 '무엇인가(what)'를 말하는 것인데, 그것은 지구상의 어딘가에서 일어나며, 그 대변혁기의 파도가 오랜 시간에 걸쳐 계속 전 세계로 퍼져가는 것이지요. 그리고 결국 세계의 구조를 바꾸어버립니다. 그 최초의 변혁이 일어난 곳을 '선구지역'이라고 이름 지어둡시다. 그러니까 그것은 이 혁명이 어디에서 일어났는가라는 '어디(where)'의 문제이지요. 세 번째로, 그럼 그것은 언제부터 일어났는가라는 '언제(when)'의 문제. 이 세 가지를 각각 이야기하면서 하나로 정리하려 합니다.

될 수 있으면 '왜(why)'도 이야기하고 싶지만요. 왜 그 변혁이 거기서 일어났는가를요. 그런데 이것은 시간이 꽤 걸립니다. 사실 30분 만에 설명할 수 없습니다. 이것은 다음 기회에 살펴보기로 하고, 무엇인가 만을 우선 말하자면, '인류의 성립'이라는 것입니다. 즉 영장류 속의 유인원(類人猿)이라는 이름으로 불리는 것으로부터 나와 인류가 성립했다는 것, 그것이 '인류혁명'입니다.

요점을 말하면, 인류혁명을 규정하는 요소로서 직립보행이 있습니다. 두 다리로 서서 걸어가는 것이 그 이전의 유인원과 다른 부분이지요. 이것, 그리고 아직 걷기 위해 네 다리를 사용하고 있었는데, 그 사이에 두 다리가 손이 되었고, 이것이 도구를 만들었다는 것이지요.

도구의 제작이라는 것, 이것이 다음으로 매우 큰 일입니다. 나아가 말을 공유하고, 집단을 이루고, 일종의 사회를 만들며 살아가는 것, 가족의 성립이라든가 하는 여러 가지가 있지만, 그럭저럭 이상의 세 가지를 근본 특징으로 말해도 좋겠지요.

이렇게 해서 인류는 성립했습니다만, 그 기원은 어디인가 하는 문제이지요. 어디에서 그런 것이 최초로 일어났겠습니까? 최초에 말이지요. 동아프리카예요. 아프리카 대륙의 대지구대(大地溝帶)라는 곳이 있지요. 즉 'Great Rift Valley'라고 말하는, 빅토리아 호수(Lake Victoria, 아프리카의 가장 큰 호수) 등이 있는 그런 곳입니다. 이른바 아프리카 대륙이 펼쳐져 있는 곳. 거기서 방금 말한 유인원의 직립보행이라든가 그런 것이 시작되었어요.

오늘날의 나라 이름으로 말하면, 케냐, 에티오피아 혹은 에리트리아 주변이지요. 그 인류를 '원인(猿人)'이라고 합니다. 그리고 '원인(原人)'과 '구인(舊人)', 이른바 네안데르탈인(Neanderthal)을 거쳐 신인(新人), 즉 호모 사피엔스(Homo sapiens)가 생겨나옵니다. 이 네 가지 단계에서 지금의 우리가 생겨난 것입니다. 이 신인의 기원도 역시 아프리카이지요.

언제쯤인가 하면, 원인(猿人)의 기원은 차츰 올라가서 600만 년 전에서 700만 년 전이지요. 그사이에 동아프리카에서 '원인(猿人)'이 등장했습니다. 하지만 지금 호모 사피엔스라는 우리 '신인'이 출현하여 세계로 널리 퍼져나간 것은 더욱 나중으로, 10만 년에서 8만 년 전입니다. 지금 원인(猿人)의 이야기는 600만 년 전입니다만요. 이들은 아프리카에만 머물렀고, 원인(原人)의 단계가 되어 세계로 확산했습니다. 이들에 대해 다양한 것을 알게 되기 시작합니다.

최근에 안 중요한 것은 원인(原人), 예를 들어 북경원인(北京原人,

Homo erectus pekinensis)이 지금의 중국인과 거의 관계없다는 것입니다. 지금까지는 그들이 이어져 있다고 생각해 왔었지요. 북경원인이 지금의 중국인이라든가, 자바원인(Homo erectus erectus)이 인도네시아인의 기원이라고 생각하고 있었지만, 관계없다는 것입니다. 물론 그렇지 않고, 가장 최초의 신인이 10만 년 전에, 그들도 아프리카에서 나타났는데, 아프리카야말로 다양한 의미에서 인류의 기원이 되는 것입니다. 그래서 그 신인이 8만 년 전에 아프리카를 나와 세계로 확산하는 것이지요. 1만 년 전까지 전부 지구 전체로 널리 퍼져나가는 것입니다. 이것이 모든 현생인류의 기원입니다. 중국인도 아랍인도 유럽인도, 물론 일본인도 모두 이들의 자손입니다.

이런 것을 어떻게 아는가 하면, DNA 연구가 진보했기 때문이지요. 미토콘드리아 DNA[75]의 연구로 알게 되기 시작한 것입니다. 미토콘드리아 DNA는 부계(父系)가 아닌 모계(母系)만으로 유전되어가는 것입니다. 이것을 거슬러 올라가면, 모두 동아프리카에 이르지요. 다양한 인류의 그것이 모두 아프리카로 간다는 겁니다.

또 하나, 남계(男系)만으로 유전되는 Y염색체라는 것이 있는데, 그것을 사용해도 같아요. 그러니까 분자유전학의 발전 덕분에 알게 되는 것입니다. 여러분은 의외라고 생각할지 모르지만, 우리의 조상은 아프리카에 있습니다. 우리가 아닌, 어딘가의 호모 사피엔스, 흑인도 백인도, 황인도 모두 아프리카로부터 나온 것입니다.

그래서 세계로 확산하는 것처럼, 처음에는 아마 피부색이 검었습니

---

75) mitochondrial DNA, 세포 속에 있는 에너지를 만들어내는 기관. 즉 미토콘드리아 안에 존재하는 DNA.

다만, 멜라닌 색소[76)]가 북쪽으로 간 집단에서는 빠지고 하얗게 되어 버렸습니다. 좀 더 동쪽으로 간 집단은 색소가 반 정도 빠진 듯한 느낌. 그러니까 지금 인종(人種)이라는 개념은 거의 몰락해버리고 있습니다. 그런 5만 년가량 된 일로서, 이러쿵저러쿵 차이가 어떻다라고 말하는 것은 매우 어리석은 일이에요. 지금은 인종이라는, 일찍이 차별의 뿌리가 된 개념을 유지할 수 없게 되었지만, 아직 확실히 자각되어 있지 않습니다.

일찍이 인류의 기원은 다원적이라고 말하는 사람도 있었어요. 동아시아에서는 이렇다, 중동에서는 이렇다, 유럽에서는 이렇다 등등요. 하지만 지금은 그렇지 않고, 모두 일원적인 기원을 갖고 있다고 받아들여지고 있습니다. 즉 기원은 아프리카 하나, 동아프리카예요. 이것이 지금 우리가 믿고 있는 가장 최근의 지식입니다.

그러니까 '인류는 하나'라는 것은 일찍이 슬로건으로서 전해졌지만, 지금은 슬로건이 아니라 사실이지요. 이것은 어떤 의미에서 좋은 것이라고 생각합니다.

여러분은 마침 "뭐! 우리 조상이 아프리카? 그런 어리석은 생각을?" 이라고 말할지 모르지만, 지금 신인이 동아프리카를 어떻게 탈출하고 어떻게 인도 연안 지대를 따라 이동하며, 어떻게 안다만 제도[77)]를 지나고, 어떻게 남쪽으로부터 일본열도에 어떻게 다다랐는가 하는 것을 더듬어 확인할 수 있게 되었지요.

---

76) melanin, 사람에 존재하는 흑갈색 혹은 흑색의 색소
77) Andaman Islands, 인도양 북동부 벵골만 동쪽의 해역.

농업혁명

두 번째로, '농업혁명(Agricultural Revolution)', 이것은 도대체 무엇인가라는 'what'으로부터 시작하면, 바로 농경의 시작입니다. 그러니까 '농업혁명'이라고 말해도 좋겠습니다. 식료를 생산하는 것의 시작이라는 뜻입니다. 그때까지는 수렵, 채집, 어로 등을 통해 식료를 확보해왔지요. 그런데 이때부터 나무 열매, 그 밖의 것 등을 따오는 것이 아니라, 식료를 만들어냅니다. 인간이 그것을 만들어내기 시작했기 때문에, 그것은 놀랄 만한 변혁이었습니다. 이것에 의해 인류는 유랑(流浪)의 길로부터—유랑이라고 해도 본래의 유랑이 아니라, 계절에 의해 일정 지역을 순환하고 이동하는 것입니다만—다양한 지역에 따라 먹을 것이 나오는 계절이 다르기 때문이지요.

우선, 일정 영역(territory, 자기 소유의 영역) 안에서 정주(定住)하기 시작하고, 다음으로 그곳의 토지를 사용해 식료를 생산하는 일이 일어납니다. 마을이 생기고, 정주하는 것이지요. 정주와 동시에 동물 사육이 시작되지요. 농경과 동물 사육은 대체로 양쪽 모두 함께 시작합니다. 그 이후 멀지 않아 농경민과 유목민으로 나뉘는데, 시작될 때는 함께했습니다. 왜냐하면 양쪽 모두 식료를 능동적으로 확보하려 했기 때문입니다. 목적은 같다는 것입니다. 그래서 식료가 확보되어 먹는 것이 안정적으로 유지되고, 처음으로 인간은 안정된 생활을 하게 되지요. 그리고 이른바 의식주(衣食住)가 획득된 것은 이때부터입니다. 먹을 것은 지금 말한 것처럼 농경으로부터 시작되었어요. 그리고 입을 것도 그때부터 직물이 짜이기 시작하지요. 그러고 나서 주거지가 생깁니다. 그런 큰 변혁이 이루어졌다는 것이지요.

그럼 다음은 이 '농업혁명'이 우선 처음에 어디서 일어났는가 하는, 'where'의 문제입니다. 가장 오래된 지역은 동남아시아이지요. 농경의 기원은 바로 동남아시아였어요. 동남아시아, 지금 나라로 말하면 베트남이라든가, 캄보디아라든가 하는 곳입니다. 메콩강(Mekong River) 근처, 그 주변입니다. 근엽농경(根葉農耕)입니다. 바꾸어 말하면 감자, 고구마, 토란 등을 재배하는 농경이지요. 이처럼 다양한 것들이 있어요. 실은 땅을 팔 수 있는 막대기만 있으면 할 수 있기 때문에, 그것들을 심어놓으면 자연히 자라게 되죠. 하지만 이것은 식료를 능동적으로 생산하는 것이기 때문에, 대단한 일이이지요.

그다음에 일어난 곳은 팔레스티나(Palestine), 지금의 에리코[78] 부근이지요, 그것은 오래된 농경입니다. 그리고 바빌로니아(현 이라크)로 이동해갑니다. 머지않아 티그리스(Tigris)·유라테스강(Euphrates) 근처[79]으로 발전하는 것인데, 그것의 뿌리는 팔레스티나로서 바빌론으로 이동합니다. 그때 인간의 먹을 것이라는 게 무엇이었는가를 보면, 보리, 밀, 귀리 등입니다. 이제는 그런 것들을 먹게 된 것입니다.

이 '농업혁명'이 세 번째로 일어난 곳은 장쯔 강[80] 한가운데 근처예요. 여기서 벼 농경을 시작하게 됩니다. 중국 장강 유역에서 벼의 재배가 시작된 것이지요. 지금까지 이것을 좀처럼 알 수 없었습니다. 그

---

78) Jericho, 요르단강 서안에 있는 도시.
79) 현 터키, 시리아 이라크를 흐르는 강.
80) 長江, 장강, 현 중국의 중심부를 흐르는 강.

래서 다양한 설이 있었는데, 지금은 비로소 고고학적으로 확실히 밝혀졌습니다. 장강 유역에서 벼농사의 농경이 시작되고, 그것이 하류로 이동해갔어요. 다시 상류의 운남(雲南)으로도 이동해갔죠. 거기로부터 세계로 확대되는 것이지요. 이것은 벼 농경, 즉 여러분이 먹고 있는 쌀이에요. 우리가 먹고 있는 쌀의 기원에 대해 최근에 겨우 알게 된 것이지요, 약 20여 년 전에요.

그리고 그다음 지역은 어디인가 하면, 안데스[81]입니다. 그 주변은 옥수수를 주종으로 삼아요. 고구마 혹은 귀리나 벼가 아닙니다. 그러나 감자는 있었습니다. 이것은 교토(京都) 국립민족박물관(國立民族博物館)의 야마모토 노리오(山本 紀夫)의 『감자가 걸어온 길(ジャガイモのきた道)』(2008)에서 밝혔습니다. 감자를 특별히 건조시키고 보존하는 기술이 여기서 발전했다고 합니다. 그러니까 이것이 상당히 큰 인구를 지탱할 수 있는 식료가 되었다는 것을 말하고 있죠. 옥수수뿐만이 아니라고요. 이것은 아마 맞는 말이겠지요.

그리고 또 하나, 농경의 기원지는 다시 아프리카입니다. 이번에는 동아프리카가 아닌 서아프리카의 말리[82] 근처로, 잡곡의 농경이 시작되었어요. 아프리카는 '농업혁명'의 변혁기까지는 세계의 '선구지역'이었습니다. 이미 '인류혁명'에서 아프리카는 유일한 '선구지역'이었습니다. '농업혁명'이 일어나자 지금의 다섯 선구지역(아프리카, 유럽, 아시아, 오세아니아, 아메리카)이 세계에 있었으며, 각각 주요 생산물을 달리하고 있지만, 그것이 세계로 확대되어 갑니다. 지금은 서쪽은 보리 농경권, 동쪽은 벼 농경권으로 나뉘어 있지요. 하지만 이미 이것은 교차

---

81) Andes, 현 남아메리카에 위치한 산맥.
82) Mali, 현 말리 공화국.

하고 있지요. 이미 쌀이 계속 서쪽으로 가며, 스페인에서는 쌀을 파에야(Paella)라고 하는데, 이탈리아에서도 그것을 먹고 있지요. 반대로 우리는 밀로 만들어진 빵을 먹고 있어요. 그러니까 그렇게 교차하고 있어요. 이것은 인류사의 커다란 변혁입니다.

도시혁명

그다음으로 갑시다. '도시혁명(Urban Revolution)', 이것은 무엇인가 하면, 이름 그대로 도시의 형성입니다. 지금 정주가 시작되었다고 말했습니다만, 그것은 마을과 같은 것이지요. 마을에 촌장(村長) 같은 우두머리가 있어서 그곳을 통합하고 있는지 모르겠지만, 도시는 농경을 하지 않는 사람들의 모임입니다. 농경을 하지 않는 사람들이 도시민이 되지요. 거기에서는 모두가 농경을 하지 않아도 만족한다는 생산 상태가 실현되어야 해요. 즉 일부 사람이 농사를 지으면 다른 사람이 그것을 먹을 수 있게 되는 것입니다.

이것이 대하유역(大河流域)의 농경입니다. 바빌로니아의 티그리스·유라테스강, 이집트의 나일강, 인도의 인더스강, 그리고 중국의 황하강이지요. 그런 대하 유역에서 대규모 농경이 이루어집니다. 이제는 사람들 모두가 농경에 참가할 필요가 없다는 상황이 된 거예요. 그런 사람들이 도시민이 되어 도시를 만듭니다. 그러니까 농경지대가 사라질 리는 없습니다. 계속 있는데, 그 안에 조금씩 도시가 생겨가는 것이죠.

거기서 촌장이 아닌, 왕이라는 정치적 지배자가 나오게 됩니다. 즉 왕을 중심으로 하는 도시국가가 성립하는 것입니다. 국가의 가장 작은 형태, 도시국가가 형성되지요. 그리고 거기서 무엇이 나오는가 하면, 국가가 생기기 때문에 법률이 생겨요. 예를 들어 메소포타미아[83] 의 도시라고 하면, 함무라비 법전[84]이 나와요. 그래서 나라를 통치하는 것입니다.

그러면 문자가 있어야 해요. 문자는 '도시혁명'에서 처음으로 출현한 것입니다. 그 이전에는 없었어요. 말을 기록하는 문자, 그래서 법률을 적고, 원초적인 과학도 생기고, 그것은 모두 문자로 기록되어 있는 것이지요. 바빌로니아는 쐐기형 문자, 이집트는 상형문자, 그리고 중국은 은(殷)의 갑골문자, 이런 문자들이 여기서 나오고, 다시 사회 계급이란 것이 완성되는 것입니다. 왕 그리고 그 아래의 정치에 관계하는 지배계급인 승려나 서기(書記) 계층, 그리고 도시를 지키는 전투 계층, 물건을 생산하는 장인 계층, 나아가 교역을 하는 상인 계층도 출현하게 됩니다.

왜 상인이 여기서 출현하는가 하면, '농업혁명' 때는 없었던 것, 즉 도시라는 하나의 시스템적인 존재 때문이지요. 서로 독립적인 것이 아닙니다. 물건의 교역을 합니다. 이쪽에 있는 물건을 저쪽으로 들고 가서, 이쪽에 없는 물건을 저쪽으로부터 들고 오는 것이지요. 그래서 그 도시가 보다 풍요롭게 되는 것입니다. 그런 것이 필요하기 때문에, 이번에는 상인계층이라는 것이 생기기 시작하지요. 그렇게 사회 계층이 분화해 간다는 것, 이것은 '도시혁명'에 있어서 커다란 일이지요.

그리고 과학·기술·정보의 가장 원초적인 것이 등장합니다. 의학 등도 발달합니다. 그러니까 '문명'이 도대체 무엇인가 하면, 이것은 'civi-

---

83) Mesopotamia, 현 이라크의 일부 지역으로 티그리스·유프라테스강 유역.
84) Code of Hammurabi, 기원전 1792~기원전 1750에 걸쳐 바빌로니아를 통치한 함무라비 왕이 발포한 법전.

lization'의 번역이지요. 그것은 즉 '도시화'라는 것이지요. 'civiliza-
tion'은 '도시화', 그러니까 이런 의미에서 '문명'은 이 '도시혁명'에서 형
성되었다고 말할 수 있겠지요.

정신혁명

다음으로 갑시다. 이번에는 네 번째, '정신혁명(Spiritual Revolution)'입니다. 이것은 도대체 무엇인가 하면, 지금까지 인류학적인 직립보행이라든가 도구의 제작이라든가, 혹은 계층사회의 독립이라든가 국가의 성립이라든가 하는 것은 외부의 것입니다. 이것에 반해 '정신혁명'은 인간의 마음(心)속의 개혁입니다. 도시가 생겨난 후에 성립하는 것이죠. 특히 도시의 몰락기에 출현합니다. 그리스 철학, 소크라테스나 플라톤이 등장하는 것은 폴리스[85]의 몰락기이지요. 이제 헬레니즘[86]으로 이행하려 하는 것입니다. 알렉산더(Alexander, 기원전 356~기원전 323) 대왕의 시대에 들어가는 것입니다. 그러니까 고유의 폴리스 형태가 붕괴하고 있는 때입니다. 그런 와중에 소크라테스, 플라톤, 아리스토텔레스 같은 사람들이 나와 '애초에 우리가 산다는 것은 어떠한 의미를 갖고 있는 것인가'라는 물음을 던집니다. 그 이전의 사람들은 그런 의문을 갖지 않았어요.

그리고 그리스 이외의 다른 곳에서는 유대교가 성립합니다. 그러니까 이스라엘과 그리스, 이것이 정신혁명의 두 선구지역이 됩니다. 유대교가 성립하고, 그 사이에서 기독교가 나옵니다. 기독교는 유대교

---

85) Polis, 고대 그리스의 도시국가.
86) Hellenism, 기원전 4세기부터 기원전 1세기의 고대 그리스의 문화.

의 일파(一派)이지요. 기독교는 유대교의 개혁이기 때문에, 본질적으로는 이어지고 있는 것이에요.

이어서 이슬람교도 그렇습니다. 이것은 그 계열의 삼 대째이지요. 일대는 유대교, 이대는 기독교, 삼대는 이슬람교, 이것들이 계속 이어지고 있습니다. 실은 본질적으로는 동일한 신을 믿는 것이지요. '알라(Allāh)', 신(神)이라는 것의 '알(Al)'은 관사이기 때문에, 이것을 빼버리면, '일라후(ilāh)'가 됩니다. '일라후'나 '엘(ēl)'은 신이라는 뜻이지요. 기독교도 신을 '엘로힘(ēlōhîm)'이라고 말합니다. 그 '엘'은 같은 '엘'이지요. 실은 동일한 신입니다. 그런데 동일 신이라고 깨닫지 못해 싸우고 있는 것입니다. 가장 가깝기 때문에 싸우는 거예요, 근친증오(近親憎惡)라는 것이 있기 때문이지요. 이슬람도 이스라엘과 싸우는데, 이쪽에서 보면 천한 말로 한 패거리의 무엇이 아닌가 합니다.

유교와 불교, 이것 역시 '정신혁명'의 유산입니다. 불교를 인도의 종교라고 생각하는 것은 완전한 오해이지요. 왜냐하면 고타마 붓다(G. Buddha, 기원전 4~5세기경)라는 사람은 네팔 출신이거든요. 하지만 그때는 네팔과 인도를 구분하지 않았기 때문에, 나라로 말하면 조금 이상합니다. 그런 것은 아무래도 좋습니다. 하여튼 불교는 인도 종교가 아니라는 것입니다. 인도의 종교는 힌두교(Hinduism)이지요. 그러니까 불교는 인도로부터 쫓겨나 버렸어요. 왜냐하면 카스트제도[87]를 부정하기 때문이지요. "인간은 평등하다."라고 말했거든요. 카스트제도와 전혀 반대의 것을 말하기 때문입니다. 거기서 추방되어 어디로 갔는가 하면, 중앙아시아나, 중국, 한국, 일본까지 왔어요. 일본까지 왔는데, 일본에서는 중국에서 완성된 불교를 받아들였지요. 이것이 대승

---

87) 힌두교의 신분제도.

불교(大乘佛敎)입니다. 그것은 고타마 붓다가 설명한 원래의 불교와 꽤 다릅니다만, 그것을 우리는 받아들인 것이지요.

또 하나, 중국으로 이야기를 옮기면, 공자로 시작하는 유교가 있습니다. 이것 역시 '정신혁명'의 유산으로서 세계로 널리 퍼져갑니다. 즉 한반도나 일본, 그리고 베트남 등으로 널리 퍼져갔습니다.

그러니까 지금 '정신혁명'의 선구지역은 네 곳이 있었다고 말할 수 있습니다. 이스라엘, 그리스, 인도, 그리고 중국, 여기서 세계의 정신사(精神史)가 시작되었습니다. 현대인은 이것을 지금도 계승하고 있지요. 그리고 대체로 서쪽은 기독교와 이슬람교, 동쪽은 불교와 유교가 각각 경쟁을 회피하며 공존하고 있습니다. '정신혁명'은 정신 내부의 혁명으로서 매우 중요한 것입니다. 이것을 간과하는 인류사(人類史)는 올바른 인류사가 될 수 없다고 저는 생각합니다.

과학혁명

그리고 다섯 번째로 '과학혁명(Scientific Revolution)'은 무엇인가 하면, '근대과학의 성립'을 말합니다. 그러니까 갈릴레오나 뉴턴 같은 사람들의 일을 생각해보십시오. 근대과학을 만든 변혁입니다. 그전에 코페르니쿠스(N. Copernicus, 1473~1543)도 있었지요. 천동설을 지동설로 바꾸고, 갈릴레오는 낙하(落下)의 법칙을 내놓고, 뉴턴은 만유인력(萬有引力)의 법칙으로 천체가 인력으로 어떻게 돌고 있는가를 모두 밝혀냈지요.

그것이 '과학혁명'입니다만, 이것은 어디에서 일어났을까요. 이 '선구지역'은 어디인가 하면 유럽입니다. 그때까지 인류사를 바꾼 변혁의 선구지역은 여러 곳이 있었습니다. '정신혁명', '도시혁명', '농업혁명' 그리고 '인류혁명'도 그렇습니다. 그런데 '과학혁명'은 유럽에서만 일어났어요. 그리고 이 '과학혁명'이 일어난 이후의 시대를 근대라고 말합니다. 그러니까 근대는 유럽의 시대가 되어버립니다. 우리는 근대라는 것이 유럽이 중심이 되어 있었다고 생각하게 됩니다.

근대란 무엇인가 하면, '과학혁명'이 일어난 유럽이 세계로 확대되어 근대를 만들고 있습니다. 그러니까 이 '과학혁명'의 'where'는 서구이고, 'when'은 17세기입니다. '과학혁명'은 17세기에 유럽에서 일어난 것이지요. 그리고 갈릴레오, 케플러(J. Kepler, 1571~1630), 뉴턴 등이 근대과학을 발전시켰는데, 그 근대과학에는 사상적 근저가 있습니다.

이것을 생각해야 합니다. 역시 사상적 기반이 되는 것이 있습니다. 그 기본적인 것은 다음의 두 가지라고 저는 생각합니다.

하나는 데카르트라는 프랑스 철학자가 있었지요. "나는 생각한다, 고로 존재한다." 그 사람이 만들어낸 자연상(自然像), 즉 기계론적 자연상, '이 세계는 기계입니다'라는 것입니다. 시계 같은 것이 가장 전형적인 기계입니다만, 그것과 같은 것이라고 한 거예요. 생물이나 무엇도 전부 실은 기계라는 것. 데카르트는 '미립자(微粒子)'라고 말했는데, 오늘날로 말하면 원자(原子) 혹은 분자(分子)이지요. 그 미립자가 가거나 오거나 해서 그런 것을 모두 만들고 있다는 것입니다. 식물도 동물도 기계라는 것입니다.

그럼 인간은 무엇인가 하는 것이 문제가 되지요. 인간도 기계라고 한들 데카르트도 그렇게 말할 수는 없었어요. 신체에는 '생각한다'는 것이 있습니다. 이점이 기계와 다른 것입니다. '나는 생각한다', 여기가 다른 것이지요. 그러니까 신체는 모두 기계이지만, 인간은 '생각한다'라는 사유(思惟)를 갖고 있습니다.

거기에서 '사유'와 '연장(延長)'의 이원론이라는 것이 생깁니다. 연장은 기하학적으로 퍼지는 것입니다. 색도, 냄새도 없는 단순한 연장, 그것은 크기나 운동만 갖고 있습니다. 양(量)만 갖고 있습니다. 하지만 질(質)은 아무것도 없어요. 그런 연장이지요. 이 연장의 단편으로 미립자를 조합시키면, 기계로서의 자연이 생기는 것입니다.

하지만 인간은 '생각한다'라는 것을 하며, 자연을, 수학을 사용해서 설계하지요. 그러면 '제2의 자연[88]'도 만들어지게 돼요. 데카르트는 모처에서 이래서 인간은 "자연의 주인으로서 소유자가 된다."라는 사

---

88) 자연 그 자체의 제1자연과 대립하는 인간사회의 제2의 자연.

고방식을 설명하고 있습니다. 이것이 데카르트의 기계론으로서 '과학혁명'의 하나의 사상적 기반을 이루고 있습니다.

또 프랜시스 베이컨이라는 영국인의 사고방식이 또 하나의 요소, 또 하나의 기둥이 되어 있습니다. 그가 뭐라고 말했나요? 근대과학 이전의 과학과 다른 성질은 '자연의 지배'라고 했어요. 다양한 실험을 하며 인간이 자연을 조작합니다. 자연을 인간이 조작하며 이것을 지배합니다. 그렇게 지배당한 자연 위에 '인간의 왕국'을 만드는 것을 목표로 합니다.

당시 17세기 유럽은 결코 풍요롭지 않았습니다. 기후는 나쁘고 생산력은 저하되고 있었어요. 그들은 그런 상황에서 탈출하려 대항해 시대에 다른 곳으로 확대해갔죠. 그리고 그곳을 지배하는 자연 지배와 식민지 지배도 그때부터 시작되는 것이지요. 그래서 또 하나 "지식은 힘이다."라는 베이컨의 말이 있어요. 'scientia potentia'. 그리스인처럼 '관조(觀照)'라는 이론적인 이해를 할 뿐만 아니라, 지식에는 힘이 있어야 합니다. 자연을 조작하고 지배하며, 자연을 복종시키는 것입니다. 이때, '자연'은 무엇이 되는가요. 그때부터 '자원'이 되었습니다.

자연(自然)과 자원(資源), 즉 '시젠(しぜん, 自然)'과 '시겐(しげん, 資源)'이라는 일본어는 가운데 한 글자 차이지요. '시젠(しぜん)'의 '제(ぜ)'를 '게(げ, 게)'로 고치면 '시겐(しげん, 資源, 자원)'이 됩니다. 이것은 단 한 글자 차이지만, 매우 큰 차이입니다. 대체로 그 이전의 사람들은 자연을 자원이라고 생각하지 않았지요. 중국에서도 이슬람에서도 그리스에서도 그런 방만한 생각은 없었습니다. '과학혁명' 이후, 특히 그것을 이어받은 '산업혁명' 이후, 자연은 인간의 자원이 되고 말았습니다. 인간에 의해 착취당하는 자원으로 전락했다고 말해도 좋다고 생각합니다.

그럼 저에게 이에 대해 물으시면, 이것으로 결론을 향해 가는 것입니다만, 실은 인간은 자연의 지배자이기는커녕 원래 자연의 일부라는 것이지요. 자연으로부터 태어난, 그런 막내이지요. 자연 속에서 태어난 자연의 막내가 지금 자연을 파괴하려 하고 있습니다.

즉 데카르트의 '기계론'과 베이컨의 '자연지배'를 토대로 우리는 근대의 과학기술 문명을 만들었는데, 이것은 누군가에게 그 성과가 훌륭하고, 그 장점이 대단했습니다. 사실 이것으로 인간의 생활양식이 대전환했지요. 교통수단을 생각해봐도 그렇고, 비행기까지 생기고 시간이 단축되며, 의학의 진보 역시 대단한 것이지요. 모두 오래 살게 되었죠. 모든 과학기술의 발전이 그것들을 해온 것입니다.

그러니까 자연 위에 '인간의 왕국'이 만들어졌지요. 이 '인간의 왕국'은 확실히 훌륭하게 세워졌습니다. 이제는 지나칠 정도로 훌륭하다고 말해도 좋을지 모릅니다. 그래서 그 아래에 수탈당한 자연이 이번에는 신음 소리를 내며, 덜컹덜컹, 덜컹 무너져갔습니다. 그것이 현대의 '환경위기'이지요. 그러면 자연 위에 있는 '인간의 왕국'도 그 토대가 무너지고, 모두가 멸망하는 위기가 다가오고 있습니다.

따라서 지금, 우리는 다시 거대한 변혁기에 처해 있는 것입니다. 즉 지금까지의 방식 그대로의 연장선상에 '과학혁명', '산업혁명', '정보혁명', 그리고 여기에 '인공지능혁명'을 넣어도 좋겠습니다만, 그것을 맹목적으로 발전시켜가면, 머지않아 순조롭게 점차 좋아진다는 것이 아니라, 또 하나의 거대한 문명의 전환기에 우리는 직면하고 말 것입니다.

여기서 근대문명, 조금 전에 근대는 '과학혁명'으로부터 시작되었다고 말했는데, 그 근대문명이 일단 끝났고, 혹은 충분히 그 책임을 다했다고 말해도 좋을지 모르지만, 지금은 그것이 오히려 막대한 짐이 되는 측면이 나오고 있습니다. 그것이 이번 동일본 대진재(2011년 3월 11일)에서도 밝혀졌습니다.

환경혁명

그러니까 오늘날의 '환경혁명(Environmental Revolution)'에 대한 문제부터 살펴보려 합니다. 지금 우리가 그 한복판에 서 있다고 제가 생각하는 그 '환경혁명'의 내용을 생각해봅시다. 지금의 변혁기에 무엇이 필요한 것인가, 여기에 그것을 세 가지만 예로 들어보겠습니다.

과학기술의 진로변경

우선 첫째로 '과학기술의 진로변경'이라는 것입니다. 이것은 17세기에 일어난 '과학혁명', 18세기 후반의 '산업혁명', 20세기 후반의 '정보혁명', 그리고 지금 일어나고 있는 '인공지능혁명' 이것은 각각 그 자체의 장점을 상당히 크게 발휘하고 있어서, 우리는 그 편리함을 지금 누리고 있습니다. 하지만 거기엔 '더욱더욱'이라는 논리만 있어요. 이대로 '더욱 많은 것'을 '더욱 효율적'으로 사용합시다, 단지 양적으로 확대해갑시다. 라고 말하고 있습니다. 그러나 이 방향은 성격이 변해야 합니다. 지금 이대로의 양적 확대는 심각한 문제라고 저는 말하고 싶습니다.

17, 18세기에 걸쳐 근대가 만들어졌을 때, 이른바 과학기술의 '울타리 두름'이 일어났다고 생각합니다. 과학자와 기술자가 울타리로 둘러싸여 버렸어요. 울타리로 둘러싸여 일반 시민과 떨어져 '과학기술은 좋은 것입니다, 반드시 여러분을 행복하게 만듭니다. 그러니까 아

무 말 말고 우리에게 맡겨만 주십시오' 하는 것이 되었습니다. 그래서 일반 사람들은 계속 과학이 복잡해지는 기술을 전혀 모르게 됩니다. '그러면 맡겨봅시다' 하게 되어 양자가 분리되기 시작했죠.

처음에는 그렇지 않았습니다. 데카르트는 왜 『방법서설』을 라틴어가 아닌 프랑스어로 썼을까요? 갈릴레오는 『신과학 대화(新科学対話)』(*Discorsi e dimostrazioni matematiche intorno a due nuove scienze*, 1638)를 왜 라틴어가 아닌 이탈리아어로 썼을까요? 그들은 모두 시민에게 호소하며 자신들의 연구의 새로운 특징을 전하려 했기 때문입니다. 그런데 지금은 그런 관계가 완전히 틀어져 버렸습니다. 거기에서 분리가 일어난 것입니다.

이것이 변해야 합니다. 즉 과학자나 기술자도 그럴지 모르지만, 격리되는 것이 아니라, 일반인들, 요컨대 일반인들과의 교류, 대화도 해야 합니다. 과학기술은 자폐(自廢)하면 안 됩니다. 하지만 자폐해버리고 말았지요. 원자력 발전소야말로 바로 그것이었습니다. 그것은 과학기술의 자폐사회가 만들어낸 결과입니다. 그것이 지금 바뀌려 하고 있고 바뀌어야 합니다.

그러니까 과학기술은 무엇을 위해 있는 것인가요. 그것은 단지 새로운 것을 만들어가느라 더욱더욱 위로 향해 가는 단순한 양적 확대가 아니라, 인간과 지구의 생(生)을 어떻게 지켜나갈 것인가를 생각해야 합니다. 이것은 단순한 '지식'이 아니라 '예지(叡智)'입니다, 이것을 가져야 합니다.

그러니까 과학기술의 진로변경을 '과학혁명(Scientific Revolution)'으로부터 '예지혁명(Sapiential Revolution)'으로 바꾸어 가야 합니다. 그다음은 제가 만든 말입니다만, 즉 '과학혁명'이라는 지식의 혁명이 인간과 지구의 생을 중시하는 예지의 혁명이 되어야 합니다. 즉 과학자는 자기가 하고 있는 일의 사회적 의미나 지구적 의미, 환경적 의미, 이런 것을 항상 생각해야 합니다.

'science'의 어원 '스키오(scio)'는 단순히 '알다'라는 의미입니다. 단순히 아는 것뿐 아니라, '사피오(sapio)', '분별하다'라는 것이 중요합니다. 'scientist' 즉 '지식의 사람'은 그 지식의 방향, 방법, 영향 그런 것까지 생각하는 'scientist'가 되어야 합니다. 이것이 첫 번째이지요.

자연관의 변혁

두 번째는 '자연관의 변혁'입니다. 자연을 어떻게 볼 것인가. 이것 역시 여기서 크게 전환해야 한다는 생각이 들지요.

지금까지 17세기 이래 유럽의 과학, 그것을 일본도 받아들여 왔기 때문에, 잠재적으로 일본에도 들어와 있는데, 이것을 반드시 자각하고 있다고는 할 수 없습니다. 왜냐하면 일본은 이미 이루어진 것을 받아들인 나라이기 때문에, 단지 결과를 받아들인 것이라 말할 수 있겠지요. 근대과학은 그 이루어진 처음의 기초를 마련한 사상적 근원을 생각하지 않아도 살아갈 수 있었어요. 그러나 그 근저에는 세계관이 있는 것입니다. 그것은 자연을 기계라고 생각하는 '기계론'입니다. 기계는 인간이 사용하는 것이겠지요. 자연을 기계로 생각하는 것은 자연을 인간이 사용하는 것이라고 오해했기 때문입니다.

그렇지 않습니다. 그렇지 않고, 자연은 그 자체가 살아 있는 것, 생물이고 기계가 아닙니다. 지구는 살아 있습니다. 이번 지진을 보더라도, 모두 상정외(想定外) 혹은 규정외(規定外)라고 말하고 있는데, 상정외라는 것은 상정할 수 없다는 것을 생각하고 있었던 것입니다.

또한 이탈리아반도는 원래 떨어져 있었지요. 그것이 차츰 북으로 가고 대륙에 들러붙어 쭉 뻗어갔기 때문에, 알프스가 생긴 것입니다.

그런 예는 얼마든지 있습니다. 아메리카 서쪽에 산맥이 쭉 뻗어 있는 것은 역시 대지의 이동에 의해서 거기에 생긴 것이지요. 일본열도도 물론 그렇습니다. 이미 살아 움직이고 있는 것입니다. 그러니까 식물이나 동물이 살아 있는 것은 물론, 저는 지구도 우주도 살아 있다고 생각합니다.

따라서 '기계론적 자연관(mechanistic view of nature)'을 지금부터 '생세계적 자연관(生世界的 自然觀, bio-world view of nature)'으로 옮겨야 합니다. '생세계'라는 것도 제가 만든 말입니다만, 우주도 지구도 자연 전체가 살아 있고, 인간도 그 속에 묻혀 있다는 사고방식입니다.

그러면 '자연지배'라는 사고방식이 틀렸다는 것도 당연해진다고 생각합니다. 기계로서 그것을 억제하는, 단지 그것을 자기의 생각대로 조작하는, 자연을 그런 식으로 기계처럼 생각하지 않는다고 하면, 자연을 지배하는 것이 아니라, 요즘 말로 말하면 바로 '자연과 공생한다'는 것이죠. 그래서 인간 자신은 자연의 일부가 되는 것이죠.

만약에 무엇인가 인간만이 자연으로부터 튀어나와 그것을 제멋대로 사용하고 버린다면, 그것은 좋지 않습니다. 꼼꼼히 생각해보면, 인간 자체는 자연의 일부라는 것이지요. 데카르트 이래로 그런 것을 잊고 말았습니다. 인간이 자연이라는 세계로부터 나와버리고, 이성이라든가 무엇인가를 말하며, 모두 그것을 밖에서 응시하고 조작하는 물건으로써 지배의 대상으로 보게 되었어요. 이것은 올바르지 않습니다.

그러니까 결국 '자연의 지배(dominance over nature)'라는 사고방식이 아니라, '자연과의 공생(convience with nature)'이라는 것이 되어야 합니다. 이것은 데카르트적인 사고의 부정이고, 베이컨적인 사고의 부정입니다. 이처럼 자연관의 근본적 전환이 행해지고, 인간과 자연과의 관계가 재조정되는 것이 필요지 않을까요. 이것이 '환경혁명'의 두 번째 요점입니다.

'문명'의 전환

　세 번째는 '문명의 전환'이라는 것입니다. 도대체 '문명'이란 무엇인가요. 제가 학생 때, 문화인류학의 책에서 '문명이란 무엇인가' 하는 정의와 만났습니다, 거기에 나온 것은 레슬리 화이트(L. White, 1900~1975)라는 유명한 미국 문화인류학자의 정의였어요. 문명이란 1인당 사용하는 에너지양으로 정해진다고 쓰여 있었어요. 즉 1인당 사용하는 에너지양이 많으면 많을수록 고도의 문명이라고 말하는 것이었어요. 저는 그때 위화감을 느꼈습니다. 에너지를 사용하면 사용할수록 좋은 문명이라고요?

　과연 1900년 이후 인구가 3배가 되었고, 에너지 소비량은 15배가 되었고, GDP는 22배가 되었다는 것은 매우 불균형적인 증가이지요. 이른바 지수 함수적 증대라는 것을 계속하고 있는 것입니다. 그리고 대량생산, 대량소비, 대량폭발, 그리고 그 '더욱더욱'만으로 문명을 만들어간다는 것이 지금까지의 방식이었어요. 그 결과가 오늘날의 환경위기라는 것이지요. 즉 지금은 핵의 위기라는 것이 있지요. 핵의 위기는 이미 인류의 막대한 짐이에요. 방사능으로 인해 지구는 엉망진창이 되고 있지요. 핵의 위기도 환경위기의 하나입니다. 왜냐하면 가장 큰 문제가 방사능 폐기물을 끊임없이 계속 내놓고 있기 때문입니다. 그 처리 방법이 전혀 정해지지 않았음에도 불구하고 말이에요.

　일본 등은 지진국이기 때문이지요. 지하에 묻는다고 말하지만, 언제 그것이 튀어나올지 모르는, 이것은 만년 단위의 방사능입니다. 그런 것을 계속하면, 지구가 방사능 담금이 되어버리고 맙니다. 그것이 가장 문제입니다. CO_2가 적어지니까 괜찮다고 말하고 있지만, 에너지가 무슨 일이 있어도 꼭 필요하다고 말하려 한다면, 어떠한 에너지 전환을 해야 할까요. 즉 자연을 활용한 재생가능에너지를 발전시켜야 합니다. 이것도 이번 대지진에서 전면으로 나오기 시작한 문제라고 생각합니다.

그럼, '더욱더욱'의 윤리, 이것을 이른바 성장의 윤리로 말해두지요, 이 성장이라는 것에 여전히 매달립니다. 하지만 'sustainable development'[89] 등의 말을 꺼내기 시작한 때부터 이상하게 되었습니다.

'지속가능성'이라는 것은 필요합니다만, 그것은 '사회'가 '지속가능'해야 한다는 것이지, 반드시 GDP나 에너지의 '성장'이 아니겠지요.

약 1750년대부터 부쩍 지수함수적으로 증대가 시작됩니다. 이 300년간의 지수함수적 성장—25년에 걸쳐 그때까지의 2배가 된다—은 인류사 속의 매우 '특수한 시대'였기 때문에, 이것이 계속되면 이제 지구가 몇 개 있어도 부족하게 될 것입니다.

여기서 세 번째 '문명'의 전환은 무엇인가 하면, 더욱 'stable civilization(안정적인 문명)'으로 옮겨야 한다는 것입니다. 더욱 '정상형(定常型)'의 안정된 '성숙문명'으로 옮겨가는 전환기에 있습니다. 지금 우리는 여기에 있다고 생각하면 어떠한가요. 이 '성숙문명'이라는 말은 아직 널리 퍼져 있지 않기 때문에, 어쩌면 저항감을 가진 분들도 계실지 모르지만, 그런 것으로 옮겨가는 인류가 더욱 지구상에서 서서히 안정되고 말이지요, '핵의 위기'라든가, '환경파괴'라든가, '자원고갈'이라든가 하는 여러 가지 마이너스 측면을 어떻게 뛰어넘어가면 좋은가라는 것을 근본적으로 다시 생각할 수 있도록 해야 합니다.

---

89) 지속 가능한 개발. 1987년 UN의 '환경과 개발에 관한 세계위원회'가 세대 간 윤리와 환경보전을 목적으로 내세운 개념.

끝내면서

그래서 이것은 무엇인가 좀 더 깊이 파고들어 가 보면, 지금부터 인간의 바람직한 방식의 문제라는 것입니다. 인간 삶의 방식의 문제라는 것입니다. 인간이 삶의 방식을 지금부터 어떻게 선택해야 하는가 하는 문제가 아닌가 생각합니다. '환경혁명'이란 결국 '인간의 삶의 방식'의 변혁을 찾는 '인간혁명'이라는 것입니다.

시간이 되어 여기서 마치겠습니다. 청취해주셔서 고맙습니다.

옮긴이 후기

　오늘날 인류의 과학은 고도화, 전문화되고 있습니다. 이와 더불어 지구의 환경문제도 거대화, 복잡화되고 있습니다. 그 근저에는 17세기 서구의 과학혁명에서 비롯된 기계론적 세계상과 자연지배라는 지(知)의 사고방식이 깊숙이 자리 잡고 있습니다. 지금 인류가 자연과의 관계를 좀처럼 되돌리기 힘든 무연상태로 만들어가고 있는 것입니다. 이제야말로 우리는 인간의 주체화, 자연의 객체화가 아닌 인간과 자연의 조화를 이루어나가기 위해 보다 근본적인 대책을 모색해야 할 때입니다.

　이런 시대적 사명 속에 비교문명과 과학사 연구의 태두, 일본 도쿄대학(東京大学) 명예교수 이토 슌타로(伊東俊太郎) 박사의 강연 논문집, 『변용의 시대(変容の時代)』(2013)가 간행되었습니다. 이 책은 레이타쿠대학(麗澤大学) 비교문명문화연구센터에서 약 2년간 좌담회 형식을 통해 교수와 대학원생들, 연구원들에게 널리 강연되었습니다. 그 강연에 참석했던 역자가 직접 이토 슌타로 교수에게 한국어 번역과 출판의 동의를 얻어 마침내 한국에서도 출판하게 된 것입니다. 오랜 기간 동안 독창적으로 구축한 과학철학, 과학사, 과학사회학, 비교문명학 등의 학문적 업적을 기반으로 인류에 대한 지의 변용된 시각에서 지구의 나아갈 방향을 시사하고 있는 이 책은 세계적 시각에서 환경문제를 이해하고, 그 해결을 찾고 있는 한국 독자들에게 매우 반가운 서적이 될 것입니다.

이 책은 이토 슌타로 교수가 역설하고 있듯이 현재 문명사의 대전환기, 환경혁명을 환기시키기 위한 현상분석, 문제본질, 개선방안을 다양한 논의로써 조직적으로 접근하고 있습니다. 그리고 이러한 논의는 과학, 자연, 윤리, 공공이라는 네 가지 측면에서 과거와 현재를 통저하는 문명의 독자적 가치를 비교하고, 발전적으로 전개시켜 미래를 준비하는 우리에게 예지와 협력을 호소하고 있습니다. 여기서 저자는 특히 자신의 바람을 독자들에게 알기 쉽게 전달하기 위해 강연원고를 구어체로 설명하고 있습니다.

과학기술에 의해 자연으로부터 풍요를 누려온 인류가 오히려 환경재앙을 겪고 있는 이때, 과학문명의 무엇을 계승하고 변용해야 하는가는 현대인들 삶 속에 살아가는 방식과 깊이 관계하고 있다고 해도 과언이 아닙니다. 이 책은 그런 인류로 하여금 자연의 일원으로서 모든 생명체와 함께 살아가는 환경혁명을 근본적으로 실현할 수 있도록 지의 내적 변혁을 재기한 명작이 되었다고 확신합니다.

마지막으로 이 책의 한국어 번역에 협력과 격려를 아끼지 않으신 저자 이토 슌타로 교수님께 진심으로 깊은 감사의 마음을 드립니다. 그리고 깊은 관심을 가지고 조언해주신 레이타쿠 대학의 타치키 노리오(立木教夫) 명예교수님과 가천길 대학의 홍현길 명예교수님, 한국에서의 사회적 의의를 간파하시고 발간에 힘써주신 한국도덕과학연구협회 유정선 이사장님, 이 모든 작업을 마칠 수 있도록 항상 옆에서 지켜준 아내 한상미에게도 고마움을 전합니다.

2019년 10월
김성철

참고 문헌

■ 참고 문헌은 일본어 원서에 수록된 참고 문헌 표(2장, 3장, 4장)에 따릅니
다(옮긴이).

2장

A는 「창발자기조직계로서의 자연」, B는 「우주의 형성」, C는 「생명의 탄생」
에 각각 관련된 저작, D는 A, B, C이외에 논의된 문제에 취급된 서적으로
분류하였습니다(저자).

A

スチュアート・カウフマン著(米沢富美子訳), 『自己組織化と進化の論理』 日
    本経済出版社, 一九九九年. [Stuart Kauffmann, *At Home in the Universe:
    The Search for Laws of Self-Organization and Complexity*, Oxford Univ.
    Press, 1995.]
リース・モーリン著(野本陽子訳), 『宇宙は自ら進化した―ダーウィンから量子

重力理論へ 』 NHK出版, 二〇〇〇年. [Lee Smolin, *The Life of the Cosmos*, Oxford Univ. Press, 1995.]

I・スチュアート, M・ゴルビツキー著(須田不二夫・三村和男訳), 『対称性の破れが世界を創る』 白揚社, 一九九五年. [I. Stuart and M. Golubitzky, *Fearful Symmetry*, Penguin Books, 1992.]

エリッヒ・ヤンツ著(芹沢高志・内田美恵訳), 『自己組織化する宇宙』 工作舎, 一九八六年. [E. Jantsch, *The Self-Organizing Universe*, Pergamon Press, 1980.]

B

S・ワインバーグ著(小尾信彌訳), 『宇宙創成はじめの三分間』 ダイヤモンド社, 一九七七年. [Steven Weinberg, *The First Three Minutes: A Modern View of the Origin of the Universe*, Basic Books, 1977.]

佐藤文隆, 『宇宙のはじまり』 岩波書店, 一九八九年.

二宮正夫, 『宇宙の誕生』 岩波書店, 一九九六年.

J・グリビン著(立木教夫訳), 『宇宙進化論』 麗澤大学出版会, 二〇〇〇年. [John Gribbin, *In the Beginning: The Birth of the Living Universe*, Viking, 1993.]

小林誠, 『消えた反物質』 講談社, 一九九七年.

C

Robert M. Hazen, *Genesis: The Scientific Quest for Life's Origins*, Joseph Henry Press, 2001.

Pier Luigi Luisi, *The Emergence of Life: From Chemical Origins to Synthetic Biology*, Cambridge Univ. Press, 2006.

石川統他, 『化学進化・細胞進化』(シリーズ進化学3) 岩波書店, 二〇〇四年.

柳田弘志, 『生命の誕生を探る』 岩波書店, 一九八九年.

黒田玲子, 『生命世界の非対称性』 中央公論社, 一九九二年.

D

J・モノー著(渡辺格・村上光彦訳), 『偶然と必然』 みすず書房, 一九七二年. [J. Monot, *Le Hasard et la nécessité*, Éditions du Seuil, 1970.]

I・プリゴジン, I・スタンジェール著(伏見康治・伏見譲・松枝秀明訳), 『混沌からの秩序』 みすず書房, 一九八七年. [Ilya Prigogine & Isabelle Stengers, *Order Out of Chaos: Man's New Dialogue with Nature*, Bantam Books, 1984.]

Paul F. Lurquin, *The Origins of life and the Universe*, Columbia Univ. Press, 2003.

John Gribbin, Genesis: *The Origins of Man and the Universe*, A Delta/ Eleanor Friede Book, 1981.

丸山茂徳・磯崎行雄, 『生命と地球の歴史』 岩波書店, 一九九八年.

川上紳一, 『生命と地球の共進化』 NHK出版, 二〇〇〇年.

嶺重慎・小久保英一郎編著, 『宇宙と生命の起源』 岩波書店, 二〇〇四年.

和田純夫, 『宇宙創成から人類誕生までの自然史』 ペレ出版, 二〇〇四年.

リチャード・フォーティ著(渡辺政隆訳), 『生命40億年全史』 草思社, 二〇〇三年. [Richard Fortey, *Life: An Unauthorized Biography*, Harper Collins, 1997.]

スティーヴン・ジェイ グールド著(渡辺政隆訳), 『ワンダフル・ライフ』 早川書房, 二〇〇〇年. [Stephen Jay Gould, *Wonderful life*, W. W. Norton and Company, 1989.]

J・E・ラブロック著(スワミ・プレム・プラブッタ訳), 『地球生命圏—ガイアの科学』 工作舎, 一九八四年. [Jim E. Lovelock, *Gaia: A New Look at Life on Earth*, Oxford Univ. Press, 1979.]

蔵本由紀, 『新しい自然学―非線形科学の可能性』 岩波書店, 二〇〇三年.

中村桂子, 『自己創出する生命』 筑摩書房, 二〇〇六年.

福岡伸一, 『生物と無生物のあいだ』 講談社, 二〇〇七年.

武村政春, 『脱DNA宣言―新しい生命観へ向けて』 新潮社, 二〇〇七年.

藤原昇・池原健二・磯辺ゆう, 『自然学―自然の「共生循環」を考える』 東
　　海大学出版会, 二〇〇四年.

松井孝典, 『地球システムの崩壊』 新潮社, 二〇〇七年.

広瀬立成, 『対称性から見た物質・素粒子・宇宙』 講談社, 二〇〇六年.

都甲潔・江崎秀・林健司, 『自己組織化とは何か』 講談社, 一九九九年.

3장

イマヌエル・カント著(波多野精・宮本和吉訳), 『実践理性批判』(岩波文庫) 岩
　　波書店, 一九二七年. [Immanuel Kant, *Kritik der praktischen Vernunft*, 1788.]

伊東俊太郎 「創発自己組織糸としての自然」, 『モラロジー研究』 六二号,
　　道徳科学研究センター, 二〇〇八年.

チャールス・ダーウィン著(八杉龍一訳), 『種の起原(上・下)』(岩波文庫) 岩波書
　　店, 一九九〇年. [Charles Darwin, *On the origin of Species*, 1859.]

チャールス・ダーウィン著(長谷川真理子訳), 『人間の進化と性淘汰(Ⅰ・Ⅱ)』 文
　　教総合出版, 一九九九年, 二〇〇〇年.[C. Darwin, *The Descent of Man and
　　Selection in Relation to Sex*, 1871.]

フランス・ドウ・ヴァール著(西田利貞・藤井留美訳), 『利己的なサル, 他人を思
　　いやるサル―モラルはなぜ生まれたのか』 草思社, 一九九八年. [Frans
　　de waal, *Good Natured: The Origins of Right and Wrong in Humans and
　　Other Animals*, Harvard University Press, 1996.]

ファン・カルロス・ゴメス著(長谷川真理子訳)，『霊長流のこころ―適応戦略とし
　　ての認知発達と進化』　新曜社，二〇〇五年. [Juan Carlos Gomez, *Apes,*
　　Monkeys, Children, and the Growth of Mind, Harvard University Press, 2004.]

立木教夫「心‐脳‐社会システムとミラーニューロン」，『地球システム・倫理
　　学会会報』　五号，二〇一〇年.

ジャコモ・リゾラッティ&コラド・シニガリア著(柴田裕之訳・茂木健一郎監修)，『ミ
　　ラーニューロン』紀伊国屋書店，二〇〇九年. [Giacomo Rizzolatti, Corrado
　　Sinigaglia, Translated from the Italian by Frances Anderson, *Mirrors in the*
　　Brain: How Our Minds Share Actions and Emotions, Oxford University press,
　　2006.]

マルコ・イアコボーニ著(塩原通緒訳)，『ミラーニューロンの発見』　早川書房，
　　二〇〇九年. [Marco Iacobon, *Mirroring People: The New Science of How We*
　　Connect with Others, Farrar, Straus and Giroux New York, 2008.]

Christian Keysers, "Mirror Neurons: Are We Ethical by Nature?," *What's*
　　Next: Dispatches on the Future of Science, edited by Max Brockman,
　　Quercus, London, 2009.

L・R・タンクレディ著(村松太郎訳)，　『道徳脳とは何か―ニューロサイエンスと
　　刑事責任能力』　創造出版，二〇〇八年. [Laurence R. Tancredi, *Hardwired*
　　Behavior, what Neuroscience Reveals Morality, Cambridge University Press,
　　2005.]

ヤン・フェアプレツェ他編(立木教夫・望月文明監訳)，『モーラルブレイン―脳科
　　学と進化科学の出会いが拓く道徳脳研究』　麗澤大学出版会，二〇一三
　　年. [Jan Verplaetse, Jelle De Schrijver, Sven Vanneste, Johan Braeckman (Edi-
　　tors), *The Moral Brain: Essays on the Evolutionary and Neuroscientific Aspects*
　　of Morality, Springer, 2009.]

開一夫・長谷川寿一編，『ソーシャルブレインズ―自己と他者を認知する

脳』 東京大学出版会, 二〇〇九年.

藤井直敬, 『つながる脳』 NTT出版, 二〇〇九年.

藤井直敬, 『ソーシャルブレインズ入門―＜社会脳＞って何だろう』 講談社,
　　二〇一〇年.

石川統・斉藤成也・佐藤矩行・長谷川政美編, 『マクロ進化と全生物の系統
　　分類』(シリーズ進化学①) 岩波書店, 二〇〇四年.

石川統・斉藤成也・佐藤矩行・長谷川政美編, 『ヒトの進化』(シリーズ進化学
　　⑤) 岩波書店, 二〇〇六年.

渡辺茂 ・小嶋祥三, 『脳科学と心の進化』 岩波書店, 二〇〇七年.

ジェラルド・M・エーデルマン著(金子隆芳訳), 『脳から心へ―心の進化の生物
　　学』 新曜社, 一九九五年. [Gerald M. Edelman, *Bright Air and Brilliant
　　Fire: On the Matter of the Mind*, Basic Books, 1992.]

ジェラルド・M・エデルマン著(冬樹純子訳, 豊嶋良一監修), 『脳は空より広い
　　か』 草思社, 二〇〇六年. [Gerald M. Edelman, *Wider than the Sky*, Yale
　　University Press, 2004.]

マイケル・S・ガザニガ著(梶山あゆみ訳), 『脳のなかの倫理―脳倫理学序説』
　　紀伊国屋書店, 二〇〇六年. [Michael S. Gazzaniga, *The Ethical Brain*, the
　　Dana Press, 2005.]

スーザン・グリーンフィールド著(新井康允訳), 『脳が心を生み出すとき』 草思
　　社, 一九九九年. [Susan A. Greenfield, *The Human Brain*, Orion Publishing
　　Group Ltd, 1997.]

4장

伊東俊太郎 「創発自己組織系としての自然」, 『モラロジー研究』 六二号, 二〇〇八年.

伊東俊太郎 「道徳の起源」, 『モラロジー研究』 六七号, 二〇一一年.

マイケル・サンデル著(鬼澤忍訳), 『公共哲学』(ちくま学芸文庫) 筑摩書房, 二〇一一年.

ジョン・ロールズ著(川本隆史他訳), 『正義論』(改訂版) 紀伊国屋書店, 二〇一〇年.

アミタイ・エツィオーニ著(永安幸正監訳・水野修次郎他訳), 『新しい黄金律』 麗澤大学出版会, 二〇〇一年.

アミタイ・エツィォーニ著(小林正弥監訳・公共哲学センター訳), 『ネクスト：善き社会への道』 麗澤大学出版会, 二〇〇五年.

トマス・ホッブズ著(伊藤宏之・渡部秀和訳), 『哲学原論／自然法および国家法の原理』 柏書房, 二〇一二年.

トマス・ホッブズ著(水田洋訳), 『リヴァイアサン(一〜四)』(岩波文庫) 岩波書店, 一九五四〜一九八五年.

ジョン・ロック著(加藤節訳), 『統治二論』(岩波文庫) 岩波書店, 二〇一〇年.

ジェレミ・ベンサム著 「美徳および立法の諸原理序説」(山下重一訳), 『世界の名著38 ベンサム, J・S・ミル』 中央公論社, 一九六七年.

J・S・ミル著(塩尻公明・木村健康訳), 『自由論』(岩波文庫) 岩波書店, 一九七一年.

J・S・ミル著(山岡洋一訳), 『自由論』(日経BPクラシックス) 日経BP社, 二〇一一年.

イマヌエル・カント著(波多野精一・宮本和吉訳), 『実践理性批判』(岩波文庫) 岩波書店, 一九二七年.

イマヌエル・カント著(篠田英雄訳)『道徳形而上学原論』(岩波文庫) 岩波書店, 一九六〇年.

マイケル・サンデル著(菊池理夫訳), 『リベラリズムと正義の限界』 勁草書房 , 二〇〇九年.

マイケル・サンデル著(鬼澤忍訳), 『これからの「正義」の話をしよう』 早川書房, 二〇一〇年.

マイケル・サンデル著(金原恭子・小林正弥監訳), 『民主主義の不満―公共哲学を求めるアメリカ(上・下)』 勁草書房 , 二〇一〇年.

アラスデア・マッキンタイア著(篠崎栄訳), 『美徳なき時代』 みすず書房, 一九九三年.

マイケル・ウォルツァ著(山口晃一訳), 『正義の領分―多元性と平等の擁護』 而立書房, 一九九九年.

Aristotle, *Politics*, ed., H. Rackham, Leob, 1932.

アリストテレス著(高田三郎訳), 『ニコマコス倫理学(上・下)』(岩波文庫) 岩波書店, 一九七一, 一九七三年.

山本光雄, 『アリストテレス―自然学・政治学』 岩波書店, 一九七九年.

岩田靖夫, 『倫理の復権―ロールズ・ソクラテス・レヴィナス』 岩波書店, 一九九四年.

佐々木毅・金泰昌編, 『公共哲学』(全一〇巻) 東京大学出版会, 二〇〇一〜二〇〇二年.

源了圓「横井小楠における「公共」の思想と公共哲学への寄与」佐々木・金編, 『公共哲学3 日本における公と私』 東京大学出版会, 二〇〇二年.

松浦玲, 『横井小楠』(ちくま学芸文庫) 筑摩書店, 二〇一〇年.

山脇直司, 『公共哲学とは何か』(ちくま新書) 筑摩書店, 二〇〇四年.

山脇直司, 『グローカル公共哲学―「活私開公」のヴィジョンのために』(公共哲学叢書9) 東京大学出版会, 二〇〇八年.

山脇直司, 『公共哲学からの応答―3.11の衝撃の後』 筑摩書房, 二〇一一年.

山脇直司, 『社会福祉思想の革新―福祉国家・セン・公共哲学』 かわさき

市民アカデミー講座ブックレット, 二号, 二〇〇五年.

小林正弥, 『サンデルの政治哲学』(平凡社新書) 平凡社, 二〇一〇年.

小林正弥, 『友愛革命は可能か』(平凡社新書) 平凡社, 二〇一〇年.

広井良典・小林正弥, 『コミュニティ』 勁草書房 , 二〇一〇年.

広井良典, 『コミュニティを問いなおす』(ちくま新書) 筑摩書店, 二〇〇九年.

広井良典, 『創造的福祉社会』(ちくま新書) 筑摩書店, 二〇一一年.

広井良典, 『グローバル定常型社会―地球社会の理論のために』 岩波書店, 二〇〇九年.

ミッシェル・セール著(及川馥・米山親能訳), 『自然契約』 法政大学出版局, 一九九四年.

ハンス・ヨナス著(加藤尚武監訳), 『責任という原理―科学技術文明のための倫理学の試み』 東信堂, 二〇〇〇年.

高木仁三郎, 『いま自然をどうみるか』 白水社, 二〇一一年.